梁启超传

冯化志 编著

国文出版社
·北京·

图书在版编目（CIP）数据

梁启超传 / 冯化志编著. -- 北京：国文出版社，2025. -- ISBN 978-7-5125-1845-2

Ⅰ.B259.15

中国国家版本馆CIP数据核字第2024Q2R551号

梁启超传

编　　著	冯化志
责任编辑	罗敬夫
统筹监制	杨　智
责任校对	周　琼
出版发行	国文出版社
经　　销	国文润华文化传媒（北京）有限责任公司
印　　刷	文畅阁印刷有限公司
开　　本	880毫米×1230毫米　　32开
	6.5印张　　　　　　　130千字
版　　次	2025年3月第1版
	2025年3月第1次印刷
书　　号	ISBN 978-7-5125-1845-2
定　　价	59.80元

国文出版社
北京市朝阳区东土城路乙9号　　　邮编：100013
总编室：（010）64270995　　　传真：（010）64270995
销售热线：（010）64271187
传真：（010）64271187-800
E-mail：icpc@95777.sina.net

梁启超(1873—1929年),字卓如,号任公,又号饮冰室主人。中国近代维新派领袖、学者。广东新会(今江门市新会区)人。清代光绪年间举人。与其师康有为倡导变法维新,并称"康梁"。

1895年(光绪二十一年)赴北京参加会试,追随康有为发动"公车上书"。1896年在上海主编《时务报》。1898年入京,参与"百日维新",以六品衔办京师大学堂(1912年改名北京大学)、译书局。1898年9月"戊戌变法"后逃亡日本。初编《清议报》,继编《新民丛报》,坚持立宪保皇,受到民主革命派的批判;但介绍西方资产阶级社会、政治、经济学说,对当时知识界有很大影响。

1911年"辛亥革命"后,以立宪党为基础组成进步党,出任袁世凯政府司法总长。1916年则策动蔡锷组织护国军反袁;后又组织研究系,与段祺瑞合作,出任财政总长。

1919年五四运动时期,反对"打倒孔家店"的口号。倡导文体改良的"诗界革命"和"小说界革命"。早年所作政论文,流利畅达、感情奔放。晚年在清华学校(1928年改名清华大学)讲学。著述涉及政治、经济、哲学、历史、语言、宗教、文化艺术、文字音韵等。其著作编为《饮冰室合集》。

目 录

第一章 少年时代

从小受到良好家教 …………………… 003

有大志向的神童 …………………… 007

16岁的少年举人 …………………… 014

第二章 初入政坛

成为康有为得意门生 …………………… 023

积极参与"公车上书" …………………… 027

写出许多好文章 …………………… 031

成为《时务报》的主笔 …………………… 037

受到汪康年排挤 …………………… 041

在长沙任教 …………………… 046

第三章 戊戌变法

戊戌变法之前的准备 …………………… 055

百日维新的失败 …………………… 060

在日本逃亡的日子 …………………… 064

和孙中山达成共识 …………………… 069
用"饮冰室主人"做笔名 ……………… 071
奉师命去往檀香山 …………………… 074
密谋自立军起义 ……………………… 078
起义遭受失败 ………………………… 081
主办《新民丛报》引起轰动 …………… 083

第四章 政坛沉浮

游历美洲大开眼界 …………………… 091
与同盟派的对战 ……………………… 095
创办政闻社的兴衰 …………………… 099
掀起宪政的狂潮 ……………………… 102

第五章 回国之后

与康有为再生分歧 …………………… 111
与袁世凯握手言和 …………………… 117
成为政海的弄潮儿 …………………… 123
看清袁世凯真实图谋 ………………… 128
宣告议会民主制破灭 ………………… 132
天之骄子重回舆论界 ………………… 135

与袁世凯针锋相对 …………………… 141
反对复辟功不可没 …………………… 143
重回内阁执掌财政 …………………… 149

第六章 晚年贡献

伦敦之行大有作为 …………………… 159
巴黎和会的激昂演讲 ………………… 163
寻找救国的不二法门 ………………… 168
不做校长做讲师 ……………………… 173
孜孜不倦地问道学佛 ………………… 178
闲不住的退休生活 …………………… 185
文学巨匠的陨落 ……………………… 192

第一章 少年时代

第一章 | 少年时代

从小受到良好家教

在距离南宋王朝灭亡之地崖山往北约 100 里的地方,有个茶坑村,旧名叫熊子乡。这里是西江流入南海的交汇地,与许多江南小镇一样,山清水秀,人杰地灵,民居依河而建,显得十分宁静与祥和。

古老而且幽僻的茶坑村,在西江水雾的笼罩下,似乎桃源仙境一般。在这片静谧环境的包围中,有一座晚清时期的青砖平房,有一正厅和两厢耳房,各带阁楼,在历经百年沧桑后,更具古色古香的韵味。

这户青砖平房人家姓梁,主人叫梁维清,字延后,号镜泉先生,生于清嘉庆年间。他一生勤奋治学,

梁启超故居

考中秀才后,曾任掌管一县教育事业的教谕一职。虽然只是个八品小官,但是在方圆几十里备受尊敬。

梁维清在村中购置了大面积的良田,同时也继续着他读书人的生活,"半农半学"式的日子显得格外惬意。

梁维清的第三个儿子叫梁宝瑛,字祥徵,号莲涧先生。梁维清极力培养梁宝瑛,希望梁宝瑛能够博取功名。但是,宝瑛仕途不顺,乡试接连失败,最终只做了一名教书先生。

003

梁宝瑛尽管学业功名不利，但是也没有太多的怨言，不管是教书还是种田，都任劳任怨，一丝不苟。这也许跟他所遵从的儒家思想有关，严于律己，凡事尽心尽力。

梁维清与梁宝瑛父子二人尽管在仕途上都不曾走得太远，但毕竟还是读书人，耕读传家，在村里都能独当一面，为村民所信服。同时，他们也具备中国传统读书人特有的优良品格，有强烈的济世心和责任感。他们热心为村民办事，积极为大家谋福谋利，因此口碑非常好。

1873年2月23日，梁宝瑛新添了一个男孩子，他甚是高兴，给孩子取名叫梁启超，希望孩子长大后能够承前启后，继承梁家香火，做一个有大本事的人。

小启超的诞生，给梁家增添了生机，让梁家上下一片欢喜。但是，小启超出生于一个动荡的年代，当时的中国正发生着翻天覆地的大变化：1840年，大英帝国用坚船利炮打开了古老中国的大门，两次鸦片战争、中法战争，一场又一场战争给中华民族带来深重的灾难。在那时，世界上几乎所有资本主义国家都对中国发动过一次甚至多次侵略战争，通过战争勒索巨额赔款，并在中国进行商品倾销和资源掠夺。

尽管如此，幼年的梁启超在家庭的精心呵护下，依然是幸福、快乐地成长着，外面世界的肃杀与残酷，对于一个年幼的孩子来说还是十分遥远的。

白驹过隙，转眼小启超到了3岁，在正常情况下，这个年纪的孩子应该接受启蒙教育了。而在那个动荡不安的年代里，农村绝大多数儿童几乎都没有可能请老师来培养，况且小启超的家庭也不富裕,不可能把他送到先生那里接受教育,也不可能请老师来家里教学。小启超的母亲赵氏在劳作之余,就开始教孩子识字。小启超也就在这样的条件下开始接受启蒙教育。

赵氏生了四个儿子两个女儿,梁启超是长子。赵氏知书达理,又擅长针线活儿。她对长子虽然十分疼爱,但在品行、学习等方面的要求非常严格。

赵氏的教育对梁启超后来的立身处世有着极大的影响。

小启超6岁时说了一句谎话,不久就被母亲发觉了。晚饭后,母亲唤他进房,严厉地盘问说谎的经过和原因。小启超的母亲气得脸色苍白,把他翻倒在膝前,用力地鞭打了十几下。可怜小启超自从出生以来,从未受过这样的惩罚。

鞭打之后,母亲教育小启超说:"你若再说谎,将来就会成为盗贼,成为乞丐。人为什么说谎呢?或者是因为不应该做的事情而自己做了,害怕别人责备,便欺骗自己没有做;或者有应该做的事,而自己不愿做,但又害怕别人责备自己应做而不做,便欺骗自己已经做了。

"这对说谎的人来说,明知过错而故意犯之,还自欺欺人,以为对自己有什么好处,这种行为与盗贼有什么区别?欺骗别人者,最终都会被人揭穿,将来人人都会指着他说,'这是个爱说谎的人'。从此,就再也没有人会相信他了。这样的人,将来会变成什么样的人呢?"

母亲的这一番教导,深深地印在了小启超的脑海中,令他终生难忘。小启超在10岁以前,没有外出求学,也没有请家庭教师，所学知识完全受业于祖父和父母。小启超的家庭教育除了语文和书法以及系统的中国历史知识外，家人对他品德修养上的严格要求，对他后来的成长及为人，影响极深。

首先，是勤俭朴实的教育。在这方面，小启超的祖父和父母既言传又身教。他的家族十世务农，到其祖父时才变为耕读之家，所以仍以劳动为美德。即使后来在他考中秀才之后，仍被父母要求参加农业劳动，过着半耕半读的生活，并不是整天关在屋子里读书。

有一次，小启超不想下地劳动，父亲便批评他说："你看看，你还像个正常的孩子吗？"

这种批评，虽然不是很严厉，但是给少年的梁启超留下了深刻的印象。在后来的生活中，每当想到父亲这一训斥，他就鞭策自己要保持勤俭朴素的家风。

童年时在农村参加劳动的体验与认识，成了梁启超后来关于农业经济方面论述的主要来源。

其次，是爱国、救国的教育。在茶坑村所在的新会县的南端，也就是西江水系的江门水道和潭江的出海处，有一个如同珠江口虎门那样形势的崖门。此处是13世纪南宋末代皇帝和丞相陆秀夫殉国的地方，又是南宋水师与元军最后激战时遭到覆灭的古战场。

梁启超的高祖毅轩的坟墓，就在崖门北面不远的崖山上。因此，每年清明祭扫时，梁家都会乘船前往。在水路往返时，祖父就向儿孙讲述南宋亡国时关于抗元英雄、仁人志士英勇抗敌的故事，讲述当年陆秀夫如何背着小皇帝投海殉国的情景。当然,还会讲到岳飞、文天祥等许多英雄豪杰的事迹。这些故事,从小孕育了梁启超的爱国情怀。

最后,是忠厚仁慈的教育。梁启超在童年时期,若言行稍不注意,就会受到祖父和父母的批评。为人要忠实,对人要仁慈厚道,这是家庭对梁启超一贯的良好教育。

有大志向的神童

童年的梁启超是一个聪明绝顶的天才:他四五岁就读完了"四书";6岁,在父亲的教导下读完了"五经";8岁,除经学外,他还读了《史记》《汉书》《纲鉴易知录》《古文辞类纂》等典籍;9岁,他就能做千言的文章;12岁,他便考中了首榜,中得了秀才,被乡人称为"神童"。

在童年的时光里,小启超一直在等待机会证明自己。有一天,小启超爬上竹梯玩耍。祖父怕他有危险,急叫:"快下来,快下来!会跌死你的……"

小启超看见祖父急成那个样子,竟然又往上再攀了一级,还冲口念出两句:"有人在平地,看我上云梯。"

祖父不由得开心大笑,感到孙子非比寻常啊!在祖父和父母的悉心教诲下,小启超的成长是惊人的。

在小启超8岁的时候,发生了一件令人惊奇的事情。这一天,有位朋友造访梁宝瑛,小启超侍立在旁。客人见启超年纪虽小,但仪态端方,应对有礼,很是惊奇,便有意要考考他,于是

先出了一句上联：

　　饮茶龙上水

这是一句新会俗语，客人是要小启超对下联。
只见小启超略加思索，便脱口而道：

　　写字狗扒田

同样是一句新会俗语。
客人更加惊奇，又出一联：

　　东篱客采陶潜菊

小启超面不改色，随口应道：

　　南国人思召伯棠

这哪里像一个只有8岁孺子所能拥有的才华啊！客人真的是叹服了，起身向小启超的父亲拱了拱手说："莲涧兄有如此可造之子，可喜可贺！"

梁宝瑛起身还礼。其实，他心里很清楚，经过这几年的悉心培养，应对这样的题目，儿子已是非常得心应手。就在前几天，小启超跟着梁宝瑛入城，夜里住在秀才李兆镜家。李家正厅对

第一章 | 少年时代

面有个杏花园,小启超第二天早晨起来便走到杏花园玩耍,但见朵朵带露杏花争奇斗艳,十分可爱,便偷偷地折下一枝,遮掩在宽阔的袖筒里。

忽然,小启超听到脚步声由远而近,原来自己这一微末之举,恰恰被教子甚严的父亲和他的朋友看在眼里。小启超急忙将杏花藏于袖里,但仍被父亲看见了。

父亲不好意思在朋友面前责怪儿子,便以对对联的形式来处罚他。父亲吟上联:

袖里笼花,小子暗藏春色。

小启超仰头凝思,瞥见对面厅檐挂着的"挡煞"大镜,即念出下联:

堂前悬镜,大人明察秋毫。

李兆镜拍掌叫绝,"让老夫也来考一考贤侄":

推车出小陌

小启超立刻对上:

策马入长安

对句是何其工整啊！气魄是何其宏大啊！梁宝瑛顿时为儿子感到骄傲。"策马入长安"，这是年轻的心已在渴望去更加广阔的天空翱翔啊！

"好！好！"李兆镜连声称赞。在欢悦的气氛中，父亲原谅了小启超的过错。

小启超也常常通过作诗来表达自己的这份渴望。有一天，他登上村里的凌云塔，看着漫山绿色，听着远处传来的阵阵涛声，又一次浮想联翩，诗潮喷涌。回到家里，他一气呵成，写下了一首责问苍天的诗：

> 朝登凌云塔，引领望四极。
> 暮登凌云塔，天地渐昏黑。
> 日月有晦明，四时寒暑易。
> 为何多变幻，此理无人识。
> 我欲问苍天，苍天长默默。
> 我欲问孔子，孔子难解释。
> 搔首独徘徊，此理终难得。

这首诗写得调皮而又大胆，爷爷梁维清后来无意中发现此诗很是生气。这位正统的老先生，将小启超招来训斥了一番，说："你敢冒犯苍天，冒犯孔圣人，真是大逆不道啊！"

但是，梁维清还是从这首诗中隐隐感觉到了孙子的不同凡响。是时候了，该让他出去闯荡闯荡，看看外面的世界了。

1882年，就在小启超9岁那年，梁维清便催着孙儿去广州考秀才。小启超有点兴奋,但又有点胆怯,毕竟自己才9岁。古人要十年寒窗,自己9岁就考秀才,能行吗?

梁维清看出了孙子心中的疑惑,便拉着小启超说:"走,我们登凌云塔去!"

小启超更加糊涂了,但爬山登塔总是件令人高兴的事。金秋的熊子山,漫山遍野挂的都是黄澄澄的柑橘。海风由南而来,带着几分咸味,吸入鼻中,有点儿苦涩。祖孙二人,在山路上一前一后,小启超跑在前面,不时停下来等等爷爷。

梁维清毕竟年岁大了,不一会儿就气喘吁吁了。一路上,他给小启超讲了一个故事,故事说的是秦代甘罗12岁拜相的事情。

听完故事,小启超豪气顿生。他说:"甘罗12岁拜相,我虽然才9岁,为什么不能考秀才呢?"

有志不在年高,梁维清看看孙子那张稚气的脸,欣慰地笑了。

带着亲人的期望,带着自信和对未来的憧憬,梁启超起程了。一批去广州应试的新会学子,合伙买了一条船,沿西江而上。

11月的西江,两岸依然是苍翠欲滴,清澈的江水,倒映着蔚蓝色的天空。云影、山影、棹影,梁启超真是陶醉其中了。第一次出远门的他,显得非常兴奋。他想起了苏东坡的"大江东去,浪淘尽,千古风流人物"。他还想起了一句"棹影轻于水底云",却记不起这是谁的诗句了。紧张,激动,觉得有许多诗句涌在喉中,他也想作诗一首。

从新会到广州,坐船需要三天的时间,一路上,满船学子吟诗作赋,倒也风雅。

这天中午,舟中午餐,吃的是米饭加咸鱼,有人便提议以咸鱼为题作诗。咸鱼虽是广州名菜,但以之入诗,终属不雅。以俗题做雅诗,难度很大。满船学子一时都停箸沉吟。这时,却见梁启超不紧不慢地夹起一块咸鱼,高声诵道:

太公垂钓后,胶鬲举盐初。

稚嫩的声音一落,震惊了四座。大家惊叹一个小小9岁孩童,竟能够吟出这样典雅的好句。于是神童之名不胫而走。

应试放榜之后,小启超却名落孙山。但是,他似乎并没有感到多大的挫折。初从偏远乡村来到繁华的都市,他对一切都充满着好奇。

这个时候的广州,鸦片战争的硝烟还没有散尽,虎门之战的隆隆炮声仿佛还常常回响在人们的耳边。在大街上,到处是烟馆,到处都是高鼻子、蓝眼睛和黄头发的洋人。

虽然第一年应试因为经验不足而落榜,但是这个神童,第一次看见了外面的世界。他从闭塞的熊子乡茶坑村走了出来,来到了繁华的省城广州,开阔了眼界,还结识了一些朋友。城市的万千气象也给少年梁启超留下了深刻的印象,他心底似乎有了一股冲动:这里将是自己施展抱负的大舞台!

梁启超回乡便拜了周惺吾先生为师,从此发奋治学。梁启超从广州买了许多新书,如饥似渴地研读。这些新书比起八股文来,实用并且具有新意,让他感觉仿佛置身于另一个天地,渐渐进入了另一种境界。

1884年,11周岁的梁启超再次赴广州应学院试。这次,功夫不负有心人,梁启超没有辜负全家人的期望,中得了秀才,补博士弟子员。

祖父和父亲两代人在科考之路上摸爬滚打,都止于秀才,仅仅11岁的梁启超便已求取成功。家人感到无限欣慰和自豪!担任主考的三品大员、广东学政叶大焯,得知广东出了这么一个神童,又细细阅读了梁启超的试卷,大为赞赏,便专门召见梁启超和其他几个年龄稍小的秀才面试一番,和他们谈论经学、诗词文章等。

被接见的新科秀才一个个进去之后很快就退出,唯独梁启超对答如流。叶大焯十分高兴,对梁启超大加赞赏。

聪明的梁启超见到这种情况,马上长跪于地上请求说:

> 学政大人啊!我的祖父今年已经是七十高龄了,他的生辰为农历十一月二十一日,弟子很快就要回家乡看望他老人家,如果在我为祖父祝寿时,能得到您所写的寿言,一定会使我祖父延年益寿,而且还能慰劳叔父和父亲的孝顺之心,也能使我们的族人感到无比荣光呢!

叶大焯感到十分惊异:这个小孩子,为得一文,一时竟说出了这么多掷地有声的理由!小子不但胆识不凡,而且才思尤为敏捷。同时,叶大焯也深深为他的拳拳孝心所感动,于是便接

受了梁启超的请求,欣然提笔,为梁老先生写了寿文。

得到了三品大员的赞许,梁启超自然是满心欢喜。祝寿文章拿回家后,被装裱了起来,端端正正地挂在墙上,梁家顿时满堂生辉。消息传开后,十里八村的人都慕名赶来领略三品学政大人的文采,一睹神童的风采,获取教子有方的宝典真经。

梁启超中得秀才,梁维清七十大寿,叶大焯写祝寿文,可谓是三喜临门。因此,梁维清的祝寿礼出奇地隆重热闹,浓浓的喜气挤出厅堂,飘荡洋溢在小山村的上空。

小小的茶坑村一下子成了欢乐的海洋,各方人士纷纷前来祝贺,梁启超走在贺喜的人群之中,尽情享受大家的赞誉,品味着有生以来最大的一桩美事,可谓春风得意,对未来的大好前途充满了无限的信心。

其实,梁启超11岁中秀才,这仅仅只是个开始。

16岁的少年举人

在中得秀才以后,梁家更是对梁启超寄予了厚望,极力悉心培养。为了能够让梁启超进行系统学习,梁家送他到广州进行深造。1887年,在14岁时,他便被送进了当时广东的最高学府,即学海堂学习。

学海堂是嘉庆年间两广总督阮元所创,专为考中秀才者进一步研修之用。阮元,字伯元,系江苏仪征人氏,乾隆间进士,虽曾做过侍郎、巡抚、总督等官职,但一生偏好学术,对于经学、史学、天文学、数学以及西方传入的各种学术流派都很有研究。

在当年,阮元所创设的学海堂,曾经汇聚了全国的一些学术精英,他们齐聚广州,研讨考据、经史、辞章和宋儒性理,使这里俨然成了岭南的学术研究中心。梁启超能进入这样一所有着优良传统的书院,真是他的幸运了。

学海堂的先生称学长,学长一般由那些人品好、学问深,而且在学界有一定地位的人担任。梁启超进入学海堂之时,陈梅坪、陈兰甫等人都在此任教,他们都是在考释、辑佚、辨伪方面学有专长的一代宿儒。

在他们的引导下,梁启超开始进入一个全新的世界。这是一个表面看来非常枯燥的世界,但梁启超却学得津津有味。而在此之前,梁启超主要是在祖父、父亲的指导下钻研八股文,虽然也读诗词及《史记》《纲鉴易知录》《古文辞类纂》等书,但所学的目的基本上是为了科举。

而此时,梁启超决定舍弃从前所学。他写信给祖父,祖父也无力改变他的决定。他的决心是那样的大,"乃决舍帖括以从事于此,不知天地间于训诂辞章之外,更有所谓学也"。年轻人的兴趣,总是那样容易转变。

每月的初一,学海堂的学长都会和学生们一起用餐。这是一个师生交流感情的好机会,平时在老师面前总是恭恭敬敬的梁启超,此时便会露出其孩童的天性,与大家一起欢笑、嬉闹。毕竟,梁启超还是个孩子呢!

离开茶坑村的梁启超依然不改神童本色。在学海堂的几

年,他经常是"四季大考皆第一",每年总能获得书院的"膏火",也就是奖学金。这种成绩,自有学海堂以来,唯有文廷式取得过,此君后来会试曾得一甲第二。

依靠这些奖学金,每年寒暑假,梁启超总要背回一捆捆书,如《皇清经解》《四库提要》"四史"《二十二子》《百子全书》《粤雅堂丛书》等。

少年梁启超就这样不知疲倦地在书海中遨游。或许是神童的美名激励着他,或许是祖父、父母的期望时刻提醒着他,比起同龄人来,他显得更加自觉,更加成熟。

除此之外,梁启超还是菊坡精舍、粤秀书院、粤华书院的院外生,这三院与学海堂齐名。当时所谓广州五大书院,梁启超同时就读于四院,精力之旺盛非常人所能比啊!

在梁启超的身上,似乎潜藏着一股巨大的学习热情,他求知欲、创新欲都极强,是学一门爱一门,一头扎进去就孜孜不倦,务求有心得、有造诣,总能学有所成。

后来,梁启超有一次去江夏,即后来的武汉,拜会湖广总督张之洞,投递名帖的署款是:"愚弟梁启超顿首拜"。

张之洞一见名帖,大为恼火,随即出示一联:

披一品衣,抱九仙骨,狂生无礼称愚弟。

梁启超见了,不假思索,立刻答对下联:

行千里路,读万卷书,侠士有志傲王侯。

张之洞见了,不得不称奇,便接见了他。见了面,张之洞故意又出一上联来刁难梁启超,联云:

四水江第一,四时夏第二;老夫居江夏,孰为第一?孰为第二?

首句"江"字是长江的简称。张之洞的口气,是要为难梁启超,让他说出谁是第一,谁是第二。梁启超有意来拜访,自然不能逞强,但也不能示弱,想了片刻便对出了下联:

三教儒在前,三才人在后;小子本儒人,何敢在前?何敢在后?

这个应对,恰到妙处。好似自卑为"小子",但又自命不凡,直叫张之洞不得不为之叹服。

1889年9月,16岁的梁启超满怀信心,欣然走进了广东乡试的考场。当时考题有三:

一、"子所雅言,诗、书、执礼"至"子不语怪力乱神";二、"来百工则财用足";三、"离娄之明,公输子之巧"。

这当然难不倒梁启超,他欣然提笔作答。在发榜之日,群情激动,梁启超高中举人第八名。按照清朝制度,举人才有参加会试的资格,考中后即可做官,即使落榜,也可以按照班次,有选择性地授予知县,补用教职等。

梁启超得意地笑了。然而,好事还在后面。这次乡试的主考官李端棻被梁启超的品貌和才学所吸引,欲将自己的堂妹李蕙仙许配给梁启超。但是,这种事自己又怎能亲自开口呢?

于是,李端棻请来了副考官王仁堪,一阵寒暄之后,他道出了自己的本意:"本次乡试,考生中有新会梁生,品貌才学俱佳,将来前途不可限量。弟有一妹,虽年过及笄,尚待字闺中,弟有意将其许配与梁生,只是,这牵线搭媒之事,还有劳王大人费心。"

少年时的梁启超

王仁堪一听,懊悔不已,原来,他也有将亲属许配给梁启超之意。但是无奈李端棻先提起,他也就只能放弃了。

这李端棻,字苾园,是贵州贵筑人氏,同治二年(1863年)进士,曾经入翰林,四次作为乡试考官,一次为会试副总裁,历任云南学政、刑部侍郎等职。

李端棻的家族在当时也算得上是权贵名门了,其堂妹李蕙仙虽然比梁启超大4岁,但知书达理,举止端庄,以梁启超当时的地位和家庭,能娶这样一位大家闺秀,自然是喜上眉梢的事情。

王仁堪召见梁启超,向他转述了李端棻的意思。梁启超岂有不答应之理,但他惊喜之下,仍不失君子之风地说:"学生愚笨,蒙大人厚爱,只是婚姻大事,不敢私自做主,须禀明父母才是。"

然而，梁启超的父亲听说之后却拒绝了这桩婚事。这是为什么呢？原来，梁父认为，自己是寒门之家，怎么能娶官宦人家的千金大小姐呢？门不当户不对，便谢绝了这桩婚事。

老成持重的内阁学士李端棻自然揣摩出了梁父的顾虑。他说："我知道梁启超是一介寒士，但他却是难得的人才，就请不要谈论贫富之事了。"

李端棻就派人到新会县将梁启超的父亲梁宝瑛接来广州，经过再三劝说，梁宝瑛最终答应了这门亲事。

茶坑村再次轰动了！真是应了那句老话：

书中自有黄金屋，书中自有千钟粟，书中自有颜如玉。

因为梁启超的功成名就，梁家让人简直羡慕不已啊！

第二章 初入政坛

第二章 初入政坛

成为康有为得意门生

1890年,梁启超去北京会试,结果落选了,回来路过上海时,在书店里买到一本名为《瀛环志略》的书。书中描述的世界地理,梁启超读了以后,大开眼界。

虽然书中介绍的世界各国情况非常简单,却是梁启超从来不曾了解的。这让他感觉到,曾经他以为自己学问已经很好,满腹经纶,可是世界之大,自己不知道的东西太多了,要学的东西实在太多了。

在书店里,梁启超还翻阅了江南制造局翻译的一些介绍西方文化的书籍。他虽然没有钱把这些书都买来一一研读,可是通过初步接触这些介绍西方世界的书,使他对西方的新知识发生了浓厚兴趣。

回到广州后,梁启超继续在学海堂里学习。同样也在这年秋天,晚清重要政治家、思想家康有为也从北京回到了广州。康有为在北京写过《上皇帝书》,虽然此书被扣押了,没有送达清廷的权力中心,但在北京知识界已经出了名。

梁启超在北京时就已知道康有为上书皇帝的事,现在听说他也回到了广州,很想结识。这年8月的一天,梁启超在学海堂的同学、康有为门下学生陈千秋,向梁启超介绍了康有为的学问和思想。

梁启超深深地被那些思想所吸引,为此他立刻去拜见了康

有为。

梁启超少年科第，满腹经纶，又颇懂训诂文章之学。因此，他自以为知识很多，常常沾沾自喜。这个时候，梁启超对自己所学到的旧知识很是自信。在和康有为交谈时，他就滔滔不绝地谈起训诂学来。梁启超觉得康有为就算不佩服自己，总也得承认自己根底不薄。

然而，康有为的反应完全出乎他意料之外。对于他的言论，康有为一句称赞的话也没有，反而说他学的全是些陈腐没用的旧东西。

梁启超觉得康有为是当头给他浇了一盆冰水，心中不服，竭力辩解。可是，康有为比他更健谈，滔滔不绝地解释了旧东西没有用的道理。梁启超越听越觉得康有为思想深刻，见解独到，所说的都是自己过去想也没有想过的，不禁为之折服。

这天，梁启超和康有为越谈越投机，时间也就不知不觉地溜过去了。就这样，他们从早上七八点钟一直谈到晚上九十点钟，都还没有结束。因为时间太晚了，梁启超只得告辞。

康有为的一席话像大海的狂涛，雄狮的怒吼，对几百年来那些盛行的旧学，进行了无情的批驳，把梁启超视为安身之命的乾嘉之学痛斥为戕害心灵的毒剂。

梁启超又惊又喜，又怨又怒，又疑又惧。他与陈千秋对床而卧，竟然彻夜不能入睡。他把康有为的话想了又想，觉得极有道理。他完全被康有为的学问和思想征服了。

第二天，梁启超又去拜见康有为。这次见面后，他不像昨天开始时那样侃侃而谈了，而是虚心地向康有为表示，决心抛弃过去所学的那些无用的学问,拜康有为做老师,重新学起。

自此,梁启超便决然放弃了旧学,认为自出生以来第一次找到了真正的学问。虽然这对于一直一帆风顺的梁启超来说不是一件容易的事,但是他终于跨出了这重要的一步。从此,他退出学海堂,跟康有为研究起了中国几千年来的学术根源和历代政治的沿革。

康有为最初是在广州府学宫的孝悌祠讲学,梁启超拜师的第二年,才迁到了广州长兴里,设立了著名的"万木草堂"。此处,树木森森,环境幽静,是一个理想的教学场所。

在万木草堂,康有为一反当时的传统,对教学的内容和形式进行了许多大胆革新,让万木草堂成了当时不同流俗的生机勃勃的教育团体。

康有为的教学内容,主要是以孔学、佛学和宋明理学为主体,以史学西学为用,重点讲研今文经学、批判古文经学。在课堂上,康有为纵论天下大事,从西方文明到列强压迫,从先秦典章到汉唐两宋政治,无所不讲。

康有为每讲一学,必然上下古今,究其沿革得失,并举出欧洲的例子以资证明。尤其受学生欢迎的是历代学术渊源的讲授,他渊博的学识,纵横的议论,系统的分析,都深深地吸引着学生们。

康有为选择学生,都是经过严格考核测试的。他的测试主要看两点:

一是进入万木草堂的学生必须乐于接受新事物,具有

接受维新变法思想的勇气和能力,并自觉变成自己前进的动力,能够为其不懈努力奋斗;二是要有一定的传统文化功底,善于写作,也就是要具备以后从事学术研究和著书立说的基本功。

康有为本身学富五车,博古通今,他心中的标准自然不会低。因此,依照他的标准,万木草堂收进了一批旧学根底深厚、才思敏捷的优秀学生,他们不论在思想品德方面还是在学业知识方面,都有比较深厚的涵养。

在万木草堂,康有为最先让学生读的书是《公羊传》和《春秋繁露》,因为这两部书是今文经学的经典性著作。除了读中国古书外,他还要学生读一些西洋书,如江南制造局关于声光电化的译著等100多种,以及外国传教士如博兰雅、李提摩太等人著作的译本。

草堂学生的学习方法,除了听讲外,主要是自己读书,写笔记,记功课簿。学生在学习中有了心得或问题时,就记在功课簿上,每半月交一次。康有为根据功课簿所反映的问题,或做批注,或进行讲解,循循善诱地引导学生进行生动活泼的学习。

为了锻炼学生们读书和思考的能力,提高写作水平,培养著书的兴趣,康有为又让一部分年龄大造诣深的学生帮助他著书。每写一本书,都由他先规定内容、论点、体例、要求和参考书目等,然后让学生分工查找资料和进行编纂。

梁启超和陈千秋等人就是康有为著作的主要助手。康有为的《孔子改制考》和《新学伪经考》两部名著,就是用这种方法集体编纂出来的。

梁启超在万木草堂学了三年,接受了康有为的变法思想。在这里,他不仅读到了万木草堂大量的藏书,更在康有为的指导下,用全新的观点研读了中国典籍,了解了西方的种种学说和政治、经济、军事、教育等情况,对中国历代的沿革得失、兴亡盛衰的原因及救治方略等,都有了深刻认识和明确主张。

同时,康有为本着"志于道、依于仁、据于德、游于艺"的教育思想,确立了"经营天下"的大志,决心用维新变法来挽救危在旦夕的国势,使祖国走上独立富强的康庄大道。这种思想对梁启超的成长,起到了至关重要的作用。

梁启超这一时期的读书是到1894年结束的。由于得到了名师的指点,他的所读所获更加广博、更加深入、更加全面、更加系统,他的知识结构也更趋合理、更趋进步、更趋实用。这为他踏入社会、登上政坛奠立了稳固而广博的基础。从这个角度来说,这一阶段的读书,无疑是他一生事业的关键。

积极参与"公车上书"

1895年3月,梁启超结束了在万木草堂4年的学习,与老师康有为一道再度北上进京,参加会试。康有为、梁启超师生二人这次参加会试,还有这样一段令人啼笑皆非的插曲呢!

会试的主考官是以顽固守旧出名的大学士徐桐,他继承理

学大师倭仁的衣钵,讲求宋儒之学,以封建卫道士自居,反对引进西学,尤其痛恨那些喜谈变法维新的人。

1888年(光绪十四年),康有为第一次上书,三次拜访徐桐,恳其代奏皇上。徐桐始终拒而不见,骂康有为是"狂生"。7年之后,没想到狭路相逢,徐桐对康有为的反感依然如故,发誓决不让这位"狂生"在自己手中金榜题名。

徐桐通知备考官,在阅广东举人试卷时,如果遇上有才气却不引用古文者,皆不录取。而梁启超在两场的经义考试中,以初生牛犊不怕虎的气势,纵论宏议,充分发挥今文经学的"微言大义"。徐桐和副考官李文田阅后,误以为是康有为的答卷,便有意压低分数而不录取。副考官李文田还在卷末题诗道:

还君明珠双泪垂,恨不相逢未嫁时。

既富讽刺,又含惋惜。梁启超就这样不明不白地做了老师的"替罪羊"。但是,他并没有把这件事放在心上,既没有怨天尤人,也没有生不逢时的感慨,用他自己的话来说:"此行本不为会试,弟颇思假此名号作汗漫游,以略求天下之人才。"可见,梁启超此时关心的不是个人的富贵功名,而是民族和国家的前途。

就在梁启超应考的前夕,丧权辱国的《马关条约》部分内容在签字前几天传到了北京,人们得知条约中有割让辽东半岛、台湾岛及其附属岛屿以及澎湖列岛给日本,并赔偿2亿两白银的条款。

消息一出,京城上下无不为之震惊,朝野内外的爱国士绅和官员,纷纷谴责主和派的这一卖国行径,要求拒约抗日。

梁启超与其师康有为当即决定发动在京举人上书拒和。梁启超先找自己熟悉的广东举人做工作,后又向一直以来有经世传统的湖南举人进行游说。

4月22日,梁启超成功地组织了粤湘两省举人共同向都察院呈递拒和请愿书,广东总计有80名举人列名,湖南则全省举人响应。

在湘粤两省的带动下,各省举人纷纷仿效,愤然上书。福建、四川、江西、贵州诸省紧随湘、粤之后,既而江苏、湖北、陕甘、广西诸省继之,又既而直隶、山东、山西、河南、云南诸省继之,以致都察院门前每逢阴历的双日堂期,出现了车马鼎沸的轰动场面,一扫古都京城的沉闷气象。

康有为见其他省份的举人也有这个志向,便要梁启超再去联络各省举人。梁启超很快奔走联络了各省1000多名举人,集会决定上书皇帝,要求变法自强,并推举康有为起草变法请愿书。

康有为在一昼夜间,挥笔疾书,草就洋洋万余言的《上清帝第二书》,提出"拒和、迁都、变法"的主张,呼吁光绪皇帝乾纲独断,"下诏鼓天下之气,迁都定天下之本,练兵强天下之势,变法成天下之治"。

请愿书写好后,就由梁启超与康有为的另一位弟子麦孟华分头缮写,印刷成传单,在各省举人中散发。不久,他们说动了1200余名举人,约定5月2日在明代烈士杨继盛的故宅松筠庵

的聚会上签名,5月4日再递呈都察院。

但是到5月2日聚会那天,清廷主和派、后党人员多方作梗破坏,他们私下派人混入松筠庵,暗中蛊惑,又在京城制造谣言,恐吓兼以利诱,以图瓦解众人斗志。

5月3日,清廷便匆匆在《马关条约》上正式画押签字了。结果,一部分举人唯恐误了自己前程,就退出了签名,后来在"公车上书"题名录中签名的仅剩下16省的603名举人,只有开始时的一半。由于历史上将赴京参加会试的举人称作"公车",意思就是由公家车马包送入京,因此人们称这次举人的上书运动为"公车上书"。

这次上书虽仍然没有送到光绪皇帝手里,但是1000多名举人的联名上书,造成了广泛的舆论,使变法运动的声势壮大了起来。这份请愿书不久便被坊间翻印,在社会上广为流传,产生了意想不到的宣传效果,甚至连美国公使田贝,也争着要看这份名噪一时的请愿书。

"公车上书"的领袖人物是康有为、梁启超师徒。作为老师的康有为是倡导者,但积极进行组织、宣传的人却是梁启超。在这次运动中,梁启超功不可没。

梁启超在得到老师的布置后,只用了极短的时间就把全国赴京会试的举人们发动了起来,表现出非凡的联络、组织能力,特别是他撰写的《变法通议》,则是此次运动的纲领性文件。梁启超的那些饱含爱国激情的篇章,起到

康有为和梁启超

了宣传和鼓舞人心的作用,有力地推动了运动向前发展。

"公车上书"的第二天,会试揭榜,康有为虽然中了进士,被授为工部主事,但是他没有去上任就职,而是和梁启超等人一起投入维新运动的准备工作中。

康、梁师徒二人都思考着"公车上书"之后,下一次该怎么办的问题。他们几乎同时看到了社会舆论的力量和宣传的重要作用,特别是"公车上书"之后,全国人民精神为之一振,甚至连朝廷也为之震动。

一贯主张对日作战的青年皇帝光绪,深感割地赔款真是奇耻大辱。在受到朝廷保守势力的掣肘和帝国主义国家的压制时,他含着眼泪批准了出卖主权、出卖领土的《马关条约》。其实,光绪皇帝对于康、梁的做法是认同的。

写出许多好文章

在"公车上书"以后,康有为、梁启超两个人依旧留在京城。通过"公车上书"事件,他们的思想和行动备受鼓舞,从而带动了各省的举人,同时举人的爱国热情也令师徒二人很感动。

康有为、梁启超发动"公车上书"的目的,当然是希望他们的请愿能够上达朝廷,促使光绪皇帝痛下决心进行变法,用这样的方式来改变国运。

虽然上书的过程并不顺利,但所上之"书"流传于社会各阶层之中,激发了人们的爱国热忱。那个时期,街头巷尾谈论的

都是"公车上书"。

当时的中国,其实人们是关心国家大事和民族命运的。唤起人们的爱国热情,这也是师徒二人想要达到的目的之一,也是他们想要看到的局面。为了唤醒更多的民众,他们更要继续奋斗。

在严重的民族危机面前,梁启超深切感到肩负的历史使命是那么的光荣、神圣,同时感觉肩头的担子又是那么沉重。启迪民智乃是掀动维新、救国救民的当务之急,而办报纸是他们想到的事半功倍的好方法。

梁启超在给夏曾佑和汪康年的信中,都指出了办报与学会及风气形成之间的关系。他们出版了刊物,于是享誉国内外的《中外纪闻》诞生了。《中外纪闻》每两天发行一期,介绍了国外情况和主张的改良主义思想,实实在在地影响了一部分人。

《中外纪闻》最初叫《万国公报》,但当时已经有了由外国传教士组织的广学会创办的同名报刊,所以从第46期起就改成了《中外纪闻》。

《中外纪闻》是近代中国民间创办的第一份报纸,是康有为出资创办的,梁启超、麦孟华则负责编辑工作,是该报的主笔和撰稿人,英国人李提摩太亦参与其事。刊物每期往往只有一篇文章,经常由梁启超亲自执笔撰写。他利用写文章制造舆论,积极推动变法运动。

这份报纸不论是叫《万国公报》还是《中外纪闻》,毫无疑问,报刊中都少不了刊登国内外人和事以及相关建议和评论。在后来强学会成立后,该刊才进行了改进,由不分类到分门别类。有"按语""上谕""外电""译报""各报选录""评论"等版面,其中"按语"是由梁启超或麦孟华撰写。

只有22岁的梁启超博古通今,满腹经纶,并且了解、学习了不少西方自然科学和社会科学知识。梁启超的文笔明快流畅,感情充沛,为《中外纪闻》写了许多脍炙人口的好文章。

梁启超的文章或气势磅礴,读后让人热血沸腾;或如春风化雨,读后让人充满力量;或如哲人论道,读后让人深思明理;或语言犀利,如刀枪剑戟,感染力极强。

梁启超化身为一位身披大氅的少年侠客,为了公平正义,为了民族国家的安危,手持利剑,披荆斩棘,斩妖除魔。因此,他被人们称为"少侠主笔"。

在报刊的创办经费方面,康有为接受了陈炽、袁世凯等人的捐助。袁世凯表面上似乎是乐于接受西学和新思想,这也是后来无论是康有为、梁启超等改良派,还是孙中山等革命派都对他寄予厚望的重要原因。

为了宣传维新思想,康有为将《中外纪闻》送给北京的官绅阅读,而且数量在逐渐增加,开始每期1000份,后来每期3000份,受到官员和士大夫知识分子的欢迎,不少人渐渐开始懂得了维新的意义。

报纸很快在社会各阶层流传,这十分有利于新思想、新观念的传播。有些人起初不知道是谁在办这份报纸,从内容上看,还以为是外国公使馆创办的呢!

一些官员在读了这些介绍世界大事和宣传改革的文章之后,改变了他们对世界形势、各国历史一无所知的状况。

在《中外纪闻》获得成功之后，他们又大刀阔斧地成立了第一个维新团体，这就是"强学会"。这个学会的主要任务是翻译和印刷外国的书籍，发行报纸，办图书馆、博物院，梁启超担任学会的书记员。

强学会1895年8月22日在北京正式成立，与会者约50人。其中名誉会长为内阁学士孙家鼐；总董为工部主事陈炽、翰林院编修丁立钧及张孝谦、刑部郎中沈曾植；书记员为举人梁启超、内阁中书汪大燮等。

李鸿章当时也想挤进强学会，他本想出资2000两白银作为申请加入该会的敲门砖，不过由于他名声不好而被组织拒绝了。英美驻华公使和传教士李提摩太、李佳白，都为强学会赠送了西洋书籍及仪器，表示对强学会的支持。

强学会成员较有影响力，活动方式及内容又极新颖，因此，引起了朝廷内外的高度关注。

强学会的活动方式是聚众讲学。他们邀请懂得西学的国内知识分子、维新人士和传教士们站上讲台，开坛讲学。他们宣传西学知识，传播维新思想，培养骨干力量，探求维新变法的办法，以期救亡图存。

梁启超身为《中外纪闻》主笔，与康有为一起撰写了令读者无不动容的《强学会序》，以情理交融的论说、激昂澎湃的呐喊引起了知识界的关注。《强学会序》也代表了这一时期梁启超的思想观念。

俄北瞰，英西睒，法南瞵，日东眈，处四强邻之中而为中国岌岌哉!

......

我中国屡卧于群雄之间,鼾寝于火薪之上,政务防弊而不务兴利,吏知奉法而不知审时,士主考古而不主通今,民能守近而不能行远。

......

夫中国之在大地也,神圣绳绳,国最有名,义理、制度、文物,驾于四溟。其地之广于万国等在三,其人之众等在一,其纬度处温带,其民聪而秀,其土腴而厚,盖大地万国未有能比者也。徒以风气未开,人才乏绝,坐受凌辱。

......

海水沸腾,耳中梦中,炮声隆隆。凡百君子,岂能无沦胥非类之悲乎!

《强学会序》描述了中国被侵略的触目惊心情景,读者在读完之后,无不泪流满面,悲愤激昂。其中提出"变则存,不变则亡"的观点,希望统治者吸取印度惨遭瓜分的教训,起用维新人士,实行变法,救亡图存,号召爱国士大夫与维新人士精诚合作,改革图强,开展维新运动,以挽救国家于危难。

《强学会序》也是一篇动人心弦、鼓吹维新救亡的政治宣言,很多人受到感动,振臂而起。它也引起了开明士绅的注意,初步打开了封建士大夫的闭塞思想。

强学会每10天集会一次,由于梁启超伶俐的口才、横溢的才华,他的演讲极富魅力,也让梁启超的名气越来越大。通过

梁启超和其他维新人士的大力宣传和鼓动,会员中形成了一种共识,那就是:

> 中国要自强,就要学习外国,就要改弦更张,进行变法。

北京的强学会非常成功,于是,康有为又在上海成立了一个强学会,并于1896年1月出版了《强学报》。当时一些有影响的江南才子、社会名流都是上海强学会的会员。两处强学会的成立,壮大了维新势力,让变法维新的呼声与日俱增。

强学会是一个集政治、文化为一体的双重性质的社会团体,它一方面创办报纸、翻译西书、建立图书馆、购买仪器,用以开发民智;另一方面联络维新人士、开明士大夫,利用集会演讲来宣传变法思想,探求救国救民之道。

强学会打破了中国民众不得私自集会的禁令,令广大民众耳目一新,莫不惊骇。但与此同时,这一切也引起了封建顽固派官僚的仇视和敌对。

李鸿章的儿女亲家、御史杨崇伊以"植党营私"的罪名弹劾强学会。1896年1月,清政府下令封闭强学会,禁止其一切活动。

由此,《中外纪闻》不得不停刊,后经梁启超和御史胡孚宸尽力周旋,将强学会改名为官书局,隶属总理衙门,专司译书报。但是,这时的强学会已经失去了原有的宗旨。

成为《时务报》的主笔

在清政府下令封闭强学会和《中外纪闻》被迫停刊后,梁启超失去了一个写文章的阵地。不过,几个月来,他写的文章文笔流畅,论理有力,早已经让他声名大噪。所以,在《中外纪闻》停刊后,在上海的强学会会员黄遵宪等人请梁启超到上海去,邀请他筹办《时务报》,并担任主笔。

在4月底,梁启超到了上海,住在跑马厅泥城桥西新马路梅福里,参加报刊的创办工作。他赶到上海后,经过8个月时间的筹备,终于创刊了《时务报》。

《时务报》为旬刊,10日1册,每册约20页,以石版印于纸上,开设了论说、谕折、京外近事、域外报译等栏目。在刚开办时,由于人手紧,他在文字方面做了七八人的工作,除了撰写论说外,凡是报刊文章的润色、编排、复核等,均由他一人负责。两年后,梁启超在谈到这一时期工作的繁忙情形时说:

> 每期报中论说四千余言,归其撰述;东西文各报二万众言归其润色;一切奏牍告白等项,归其编排;全本报章,归其复校。十日一册,每册三万字,经启超自撰及删改者几万字,其余亦字字经目经心。六月酷暑,洋蜡皆变流质,独居一小楼上,挥汗执笔,日不遑食,夜不遑息。记当时一人所任之事,自去年以来,分七八人始乃任之。

梁启超认真思考，埋头写作，在《时务报》上先后发表了《变法通议》《论报馆有益于国事》《古议院考》《论中国积弱由于防弊》《论君政民政相嬗之理》等文章。

梁启超在文章中有力地批驳了封建保守思想，系统地宣传了变法思想，对变法维新作出了重要的贡献，在当时的知识分子中产生了很大的影响。

在《变法通议》这篇文章中，梁启超认为中国封建制度必须改变。当时，保守的清王朝一直宣称，祖宗制定的法是不可以改变的。梁启超在文章中反驳说，当今的清政府自己也在不断改变法制，因此祖宗制定的法不是不可变的。

《变法通议》共分13个小节，自创刊号登起，一直到第43期止。在这篇长文中，梁启超系统地阐述了变法的合理性、必要性和紧迫性，以及变法所应循的途径。

为使封建统治阶级接受他的变革主张，梁启超以自然界和人类社会的变化为例，说明变是不以人的意志为转移的客观规律，如果抗拒这个规律，当变不变，最后将被迫导致破坏性的变。梁启超说：

> 要而论之，法者天下之公器也，变者天下之公理也。大地既通，万国蒸蒸，日趋于上，大势相迫，非可遏制，变亦变，不变亦变。变而变者，变之权操诸己，可以保国，可以保种，可以保教；不变而变者，变之权让诸人，束缚之，驰骤之。呜呼，则非吾之所敢言矣。

他用这种方式唤起人们变法图强的意识。梁启超认为,如果清政府不主动变法,国家就会遭到外国的瓜分,这样后果就不堪设想了。

梁启超主张变法宜从废科举、兴学校、培养人才做起。他的《变法通议》谈得最多的就是这方面的内容。

他觉得科举制相对于封建荫袭制,不失为古代选拔人才的一种好办法,但由于隋唐以来的科举制与学校分离,所立标准又不过一些"雕虫之技,兔园之业,狗曲之学,蛙鸣之文",因而不但不能选拔国家有用人才,反而使士人丧失政治意识。尤其是明清以来采用的八股文,徒使有志之士,难以施展抱负,于国于人,贻害无穷。

在梁启超看来,改革科举制有以下几种方法可供选择,或在科举考试科目中增加有关中外史学和声光化电方面的内容,或在传统考试科目之外,增开一些新的实用科目,如兵法科、技艺科、明医科等,而最上之策是彻底废除科举制,建立全国性的学校制度,"合科举于学校,自京师以讫州县"。

同时,梁启超看到不能指望那些保守的官僚来完成这项改革事业,他提出在变革科举之前,首先要变革旧的官僚制度。

梁启超在《论变法不知本原之害》一文中,指出变法的根本思路是:

> 吾今为一言以蔽之曰:"变法之本在育人才;人才之兴,在开学校;学校之立,在变科举",而一切要其大成,在变官制。

在其他一些文章中，梁启超则表现了民权思想。他认为，民主政治是人类历史上的新事物，它在中国一定要实现。根据西方国家的民权理论，他提出了人有自主之权的理论。

梁启超觉得一个人只要为国家尽了义务，就应该得到权利。民权是否能保证，是一个国家能否兴旺发达的关键。因为只有有了民权，才能够"合千百万人为一人为一心"，国家才能强盛起来。因此，政府不应该以"防弊"的理由，干涉个人的自由和权利。

在提倡民权的同时，梁启超又批判了封建专制政体。他在文章中说，国家政权应该是国民公共的财产，而不应该是皇帝、宰相的财产。所以历史上实行专制、压制民权的帝王都是"民贼"。

在封建专制政权下，在封建思想控制下，梁启超能写出这样反封建的文章来，是十分了不起的。这些文章，确实起了打击封建专制统治、传播资产阶级民主思想的作用，积极地推动了变法运动。

梁启超在《时务报》上所写的文章，力求通俗易懂，打破古文、时文、散文、骈文的框框界限，"纵笔所至，略不检束"，创造了一种独特的报刊政论文体。它对扩大《时务报》在国内的影响起了重大作用。

《时务报》上的一些文章甚至被各地的维新派教员用作课堂的教材，或将《时务报》放在阅报处，供学生阅读。梁启超的文章思想新颖，能给人启发，而且写得很有说服力，文采也极好，所以当时的知识分子都很爱看。

在梁启超任主笔期间,《时务报》获得巨大成功,发行量扶摇直上,半年后即突破最初定下的 4000 份目标,增加至 7000 份,一年后达到 1.3 万份,最多时高达 1.7 万份。代销处多达 109 个,遍布全国 70 个县市。

《时务报》成为当时中国发行量最大的一份刊物。由此也可以看出,梁启超文章的影响之大。

梁启超在上海除了主编《时务报》外,还编了一套介绍西方国家政治经济理论的书籍,叫《西政丛书》。

此后,梁启超又和康有为的弟弟一起,创办了大同译书局,出版了许多宣传改良主义的书籍。康有为的《孔子改制考》,就是这个译书局出版的。梁启超还和别的改良主义人士发起成立不缠足会,创办女学堂,为妇女解放做了不少开创性的工作。

受到汪康年排挤

在《时务报》的繁荣盛极之时,人们所不知道的是,它其实也暗藏着隐患。其原因是主要人员的政治见解不同,所以报馆内部矛盾日渐显现。

要说矛盾的根源,要从《时务报》创办之初讲起。在几个创办人之中,梁启超与汪康年时有摩擦,黄遵宪与汪康年也素有嫌隙,争议不断。他们的矛盾与分歧,总的来说,是洋务派成员与维新派成员的斗争与分歧。

1895 年 11 月,康有为在上海成立了强学会之后,维新变法

的声浪也逐渐加强,坚信保守的"中体西用"洋务指导思想的张之洞,为了标榜自己并非落伍、过时之人,表面上猛追维新之"浪",猛赶改革之"潮",表示支持维新派组织强学会的活动,但是在思想上还是十分迂腐的。

在南北强学会均遭查禁的时候,维新人士计划利用上海强学会剩下的余款,筹办一份报纸,也就是后来的《时务报》。

对此计划,黄遵宪特别支持。他表示:"愤学会之停散,谋再振之,欲以报馆为倡始。"于是,就由黄遵宪、汪康年、梁启超、邹凌翰、吴德潇五人出面签名,发出"公启",向社会宣告《时务报》诞生,并由梁启超担任主笔,汪康年任总经理。

不过,在最初讨论《时务报》办报宗旨时,几个办报人就出现了不可调和的矛盾与分歧。

汪康年主张"以广译西报为主",其他成员也主张少登议论性的文章,而多登翻译文章或记叙之类的文章,尽量不要发表自己对社会、对问题的看法,并提出"要兢兢业业为之,不要轰轰烈烈为之"。

黄遵宪显然也主张言论不能太过激,但是绝对不能把《时务报》办成"译报"。

梁启超则认为,办报纸就应该让报纸成为除旧布新、启迪民智的武器。办报人有责任向国人介绍日本和西方先进国家的历史、风物人情、科技发展、法令制度,并发表自己的见解、评论和主张,只有这样才能把《时务报》办成一份受到人们欢迎的、充满朝气的刊物。

梁启超作为该报的主笔,当然也主导了《时务报》的方向,他用手中的巨笔弘扬改革精神和维新变法思想,抒发爱国情怀。在这种办报思想的指导下,《时务报》社会反响异常强烈,收到了良好的效果。

不过,梁启超的做法让仍然囿于"中体西用"思想的汪康年感到非常不满。

梁启超在1892年就认识了汪康年,几年来,两人之间常有书信往来,总的说来,两人还是有一定的交情,但二人的思想世界与思想本质是完全不同的。

汪康年曾做过张之洞的幕僚,在张之洞做湖广总督时,他担任了两湖书院分教,另外,张之洞还请他做过自己孙子的老师。张之洞"中体西用""祖宗之法不可变"的思想根深蒂固。

于是,汪康年深受张之洞的影响,思想中也被深深地打上了张之洞的烙印,所以张之洞也对他很信任,汪康年办《时务报》也是秉承了张之洞的旨意。

汪康年的思想同样保守,因此,他对梁启超等人所写的文章、所发的议论表示不能接受。而他自己的见解,以及文章所宣扬的仍然是中体西用思想。

张之洞在看了梁启超撰写并发表在《时务报》上的《变法通议》后,大骂梁启超是狂徒,并授意他的另一个幕僚梁鼎芬给汪康年写信,斥责梁启超抨击朝政和攻击封建专制制度的言论,并指示汪康年"要小心《时务报》上的文字"。

背后有湖广总督张之洞给自己撑腰,汪康年便有恃无恐地在报馆内横行霸道起来。汪康年原本是总经理身份,不应该干预主笔的事情。但是到了后来,汪康年事事都要插手,无所不

管,处处为难梁启超,甚至不允许梁启超在文章中引老师康有为的话,并用排挤、侮辱、造谣等方法诋毁康有为。

梁启超对这一切感到十分愤怒,他宣布:污蔑、诋毁康有为的人是"无识之人"。就这样,二人的矛盾公开化了。

在张之洞的支持和怂恿下,汪康年在报馆里嚣张跋扈,高高凌驾于其他办报人之上,做任何事情都由他说了算,从不把别人放在眼里。

对于主笔梁启超,汪康年经常摆出一副盛气凌人的架势,许多重要的事情也并不与梁启超商量,甚至连报馆招进一批人的事情,梁启超也一无所知。

报馆内的火药味日趋浓烈,矛盾已经不可调和。1898年初,梁启超愤然写了一封致汪康年的长信,他说:

> 请兄即与诸君子商定下一断语,或愿辞,或不愿辞,于二十五前后与弟一电(梅福里梁云云便得),俾弟得自定主意。如兄愿辞,弟即接办……如兄不愿辞,弟即告辞,再行设法另办……弟固深以接办为苦,特为诸君所责,不能不姑从耳。非有一毫争心,想兄谅之。
>
> 至于此举乃就事而论,《时务报》既为天下想望,不能听其倒败,故不得不勉强支持,是以有此。

虽然梁启超很明白地说明,为了不使今天下人想望、令报人引以为豪的《时务报》轰然倒败,他愿意在汪康年辞职之后接办《时务报》。但汪康年为了牢牢抓住已获得的大权费尽心机,他怎么肯辞职呢?

就这样,梁启超便愤而辞职。没有了梁启超的《时务报》,就不能称其为《时务报》了。它的形式大变,宗旨大变,内容大变。译文不断增多,议论则鲜见,即使有议论,也是汪康年兜售的不合时宜的陈词滥调。

所以,到了这个时候,《时务报》的性质已经完全被改变了,它不再是启迪民智、宣传维新变法思想的阵地了。

广大的民众在失望之余,只有叹息了。

同时,张之洞的其他幕僚们,也感到"议论已竭"的《时务报》已经失去了往日的光彩。到后来,光绪皇帝下谕旨,于1898年7月26日将《时务报》改为官报,并派康有为主管其事。

光绪帝的旨意已下,但是汪康年仍然不肯交权给康有为,他还在《国闻报》上登出"告白",声言《时务报》为他所办,从而排挤、抹杀了其他几个办报人的名声和贡献。

这一罔顾事实的"告白",让其他几位办报人非常愤慨。

黄遵宪立即在《国闻报》《申报》上发出声明,一五一十地讲述了五个人同创《时务报》的经过,讲述了主笔梁启超所做的努力与贡献等事实。

梁启超为澄清事实,也专门写了《创办〈时务报〉源委》,驳斥了汪康年独吞《时务报》成果的做法。这样一来,梁启超与汪康年的嫌隙又增加了。

《时务报》报馆发生了这样的事,在当时成了轰动社会的新闻,也变成了街头巷尾议论的热门话题。人们为《时务报》的命运所担忧,为维新人士感到惋惜和愤愤不平,希望康有为立刻

夺回报权。

《时务报》几名创始人争斗的原因,不是简单的争权,斗争的性质是维新派与洋务派之间的斗争。在这场激烈的斗争中,梁启超虽然年轻,但是却表现出了他的机智、老练和坚定意志。

随着梁启超的离开,《时务报》再也发不出任何耀眼的光芒,不再给人们带来激情和惊喜,也不再受到人们的关注和追捧了。

在长沙任教

在《时务报》报馆任职期间,黄遵宪与汪康年的矛盾就一直在不断加剧,和梁启超一样,他也同样受到汪康年的排挤,之后,黄遵宪就被调到了湖南盐法道并代理湖南按察使。

那时湖南的维新运动方兴未艾,谭嗣同等人在这里筹办了时务学堂,黄遵宪赏识"少侠主笔"梁启超横溢的才华,于是邀请他出任时务学堂中文总教习。

黄遵宪比梁启超大了25岁,作为长者,他对梁启超这位爱国青年关爱有加并且十分器重,梁启超也非常感激、敬重这位长者和同事,于是二人成为"忘年交"。

黄遵宪是一名外交官、诗人,字公度,是广东梅县人,也是梁启超的同乡。黄遵宪创作了许多著名的爱国诗篇,比如《冯将军歌》《悲平壤》《哀旅顺》《马关纪事》等。

身为外交官的黄遵宪,在出使日本期间怀着强烈的救亡图存愿望,写成了《日本国志》,对日本明治维新以及资本主义发展状况作了介绍、分析和评论。

黄遵宪对日本改革封建专制制度以及明治维新的成果进行了赞扬,同样对日本迅速强大的原因也进行了深刻分析,这让梁启超等维新志士们更加坚定了师法日本、维新变法的信念。

黄遵宪所著的《日本国志》为维新志士们提供了贴近变法理论和事实根据。同时,这部著作对于光绪皇帝决心以日本为榜样进行变法起了助推作用。

在受到黄遵宪的邀请之后,梁启超要到湖南办学校。至此,他的老师康有为也特地从外地赶到上海,面晤梁启超,说了他自己的打算。

康有为分析了湖南的问题,当时的中国国运衰微,而朝堂之中,后党力量甚是强大。朝中,慈禧太后独揽大权;外部,列强环伺,中国任人宰割,即将亡国灭种。

为了唤醒国人保国保种、救亡图存的意识,维新志士们奋不顾身地奔走呼号,向皇帝上书,著书立说,组织维新团体,开办新式学堂,办报纸、倡民权、要民主、争自由。湖南一地,在巡抚陈宝箴的大力支持下,在宣传维新变法思想方面,走在了其他地区的前面。在推行种种改革的实践方面,也有一定的成果。

这时如果梁启超能够去湖南,帮助巡抚陈宝箴推进维新变法运动,必将取得较为理想的成绩。康有为甚至还认为,湖南地处中国的腹地,与外国关涉较少,并且南接广东,万一中国被列强瓜分完毕,那么只要湖南一省还存在,就可以作为炎黄子

孙的最后据守、后退之地，以图最终做到保国、保种、保教。

鉴于这些理由，康有为便想让梁启超去说服陈宝箴"据湘自立"，以便完成地方自治。从这里可以见得，爱国维新人士为救亡图存真可谓煞费苦心、殚精竭虑。

梁启超也认为，自己这次赴湖南讲学是非常有意义的。因为从当时的情势来看，湖南不仅是全国首开风气、颇有维新气势和变法希望的省区，而且它的地理位置也很独特、重要，可以成为全国维新运动的中流砥柱。

但是，梁启超和康有为二人就办学方针产生了歧见。康有为认为应采取"缓进法"，毕竟民智未开，火力过猛会遭到保守势力的阻扰。而梁启超则认为中国已积病甚久，需得猛药才能医救，才能彻底改革，才能唤醒沉睡的民众。

由于康有为的观点并不坚定，所以梁启超进湘后，便遵从自己的意愿，立刻采用了激进的教学法，顿时引起了轰动。

在梁启超抵达长沙之前，广东"神童"、《时务报》主编将到长沙的消息已轰动了湖南各界。40名学生欣喜若狂，湖南官员、各书院师生亦纷纷争睹梁启超的风采。

时务学堂在曾忠襄祠举行公宴，热烈欢迎梁启超的到来。参加公宴的有黄遵宪、江标等官员和各地方教习、绅士以及社会名流等。

在公宴上，熊希龄致欢迎辞，随后梁启超发表演讲。梁启超以激进的思想、超人的智慧、优雅的风度征服了湖南的思想界。

在演讲中，梁启超大谈治学方针，强调"以湘之才，用粤之财"来拯救中国。在当时,这些言论惊天动地,其中一些听者摇头惊讶,怀疑其可行性,然而更多的人报以了热烈掌声。

梁启超上任后,拟定了"学约"十章,目的是使学生既能学到古今中外的广博知识,又能具备变法维新的坚强意志。梁启超除了白天讲课4小时外,晚上还要批改学生的作业。

时务学堂重思考,重实践,提倡自由讨论,学生思维活跃、激进,学堂学术氛围浓厚。在借鉴万木草堂经验的基础上,梁启超带来了全新的教学方法,使时务学堂成为培养维新运动人才的摇篮。

梁启超提倡民权、平等、大同之说,发扬保国、保种、保教之义,批判千百年来的君重民贱的观念。一些热血青年受梁启超影响至深,最终成为维新革命的坚定支持者和参与者。此后,大批维新志士从时务学堂走向社会,投入革命浪潮之中。

当时,梁启超私下摘印《明夷待访》《扬州十日记》,把斗争矛头直指专制统治,直接揭露清廷的血腥罪恶,激发民众的反抗精神。

此时的梁启超意气风发,风华正茂。在时务学堂这个自由的天地里,他向学生滔滔不绝地宣传着世界的局势、中国的道路、自己的抱负,在他言传身教的影响下,学生们如饥似渴地学习西方思想家先进的思想理论,身在学堂而心系天下。

时务学堂的学生们与这位博学睿智、情操高尚的师长结下了深厚情谊。后来,这些学生都成长为维新的骨干力量。此时,《湘学报》《湘报》等也开始发行,这也给梁启超开辟了一个个展示才华、宣传变法维新的舞台。

当时时务学堂的教授还有谭嗣同、唐才常等。他们的教学内容一是陆王派的修养论,一是借《公羊传》《孟子》发挥民权的政治论,均给学生带来不小的触动。

开学几个月后,同学们的思想在不知不觉中就起了翻天覆地的变化,他们像得了一种新信仰一样,不单自己受用,而且努力地向外宣传。于是整个湖南哗动,从省城到乡村,皆惊之、奇之,整个湖南思想界天翻地覆。

梁启超在湖南,不仅在时务学堂教学,指导各种报社、学会工作,同时也为湖南的维新运动出谋划策,协助陈宝箴、黄遵宪倡导新政。他认为湖南应行之事重在"开民智""开绅智""开官智",如果三者都能够实现,则湖南维新大业必定能够成功。

梁启超还参加了湖南改良主义团体南学会的活动。当知道陈宝箴在积极进行改革时,便上书向他提出了"兴民权"的建议。这个建议是根据他在上海宣传的民权学说提出的。其中写道,兴民权是世界大势所趋,只要能兴民权,国家就决不会灭亡。

但是,湖南不仅改良主义者活跃,封建势力也十分强大。这样的热火局面引起以王先谦为首的守旧派的极大恐慌。他们指责梁启超一干人妖言惑众,伤风败俗,并污蔑梁启超"悖逆连篇累牍,乃知志在谋逆",谓其所教之学违背伦理,误人子弟。在守旧派看来,时务学堂成了培养邪恶势力的阵地。

保守派对梁启超的活动十分痛恨,到处张贴传单,散布流言蜚语,污蔑梁启超宣传的是不要皇帝、不要父亲的"邪说",是要把学生引入歧途,成为"乱党"。

这些保守派很有势力,连陈宝箴也不敢得罪他们。几个月后,时务学堂在保守派的攻击下被迫停办。梁启超不仅兴民权的建议不能实施,活动也很难进一步开展。在长沙逗留了一年后,他又回到了上海。

第三章 戊戌变法

戊戌变法之前的准备

1897年冬,在德国强租胶州湾后,中国迎来了接踵而至的列强瓜分狂潮。在这种情况下,让忧国之士更加期盼变法救国,北京也再度成为变法维新运动的中心。

正当梁启超在湖南大显身手的时候,他的老师康有为在北京的活动也有了决定性的突破。

1898年1月24日,康有为在总理衙门受到李鸿章等人的约见。接着康有为的《上清帝第六书》以及《日本变政考》和《俄罗斯大彼得变政记》等相继转呈到光绪皇帝的手里,他的变法主张终于得到年轻皇帝的重视。

早春三月,正因病在上海疗养的梁启超接到康有为的来信后,激动万分。在老师的授意下,他拖着尚未痊愈的病躯,立即来到北京与康有为会合。

当时北京的形势就像三年前"公车上书"时一样,又是三年一度的大考日子,各省举人云集。梁启超到北京后,顾不得复习迎考和身体未愈,在康有为的直接指导下,连连发动三次公车上书,为变法大造声势。

梁启超发动的第一次上书是反对俄国强租旅顺、大连。3月27日,梁启超与麦孟华、龙应中等一道,就康有为口授的《乞力拒俄请众公保疏》,联合两广、云贵、山陕、江浙等有志之士100多人,上书都察院,警告清朝政府如果屈从帝俄压力,割让

旅顺、大连,各国必接踵而至,争相仿效,中国将危在旦夕。

梁启超恳请清政府从长远计,"勿图旦夕之苟安,勿畏虚言之恫喝",或联英国以拒俄。建议开放旅顺、大连,以绝俄国觊觎。同时"发愤变法,力求自强,则我国家将有所赖"。

但是由于清廷内部在此前一日已议定允许俄国订租旅顺、大连,于是都察院便推说各堂官无一到署,拒不接纳。再加上考试在即,举子们无暇一直到都察院。等到3月31日条约正式用宝画押后,这次上书运动也就中途流产了。

梁启超等人组织的第二次上书,是抗议德国兵毁坏山东即墨县文庙内的孔孟塑像,即所谓山东"即墨案"。

这件事发生在戊戌年正月初一日。那天,有几名德国兵闯入即墨县的文庙,任意毁坏供奉在庙内的孔孟塑像,挖去孔孟双目。三个月后,赴京参加会考的孔孟后裔和山东举人同时上书都察院,引起朝野的重视。

4月27日,都察院由堂官左都御史裕德领衔,全台列名,将这件事上报光绪皇帝。梁启超、康有为闻讯后,立即抓住这一时机,鼓动士人参加爱国运动。

4月29日,梁启超与麦孟华、林旭等12人发布公启,号召各省举人联合签名上书。《公启》云:

> 山东即墨县文庙孔子像被德人毁去……吾教之盛衰,国之存亡,咸在此举,顷者公车咸集,宜伸公愤,具呈都察院代奏,请与德国理论,查办毁像之人以伸士气而保圣教。

在《公启》发出后,康有为的弟子林旭鼓动369名福建举人最先响应。接着,湖北、湖南、安徽、广西、江苏等省的举人也作出了反应。

5月6日,梁启超看火候已到,便与麦孟华一道领衔,动员830名广东举人上书都察院,指出这次德国兵公然毁坏先圣先贤之像,分明是蔑视孔教。在这种情况下,如果中国士人不作出反应,则"彼越数万里而传彼教,稍不得当,则索地杀人,我在内地而不能自保其庙像,夫复何言?"。

他们要求清朝政府必须就此向德国政府提出严正交涉,责令德方查办毁像之人,并勒令赔偿。只有如此,方能"绝祸萌而保大教,存国体而系人心"。

尽管梁启超发动的这次上书运动没有提出要求政府改革的内容,甚至有推崇君权维护封建道德的落后成分,但是,梁启超和他的同事们却利用了这一事件,增强了士人、官僚变法救国的政治意识。

在他们4月29日发出《公启》后,共有8省举人先后8次上书,总人数多达1500余人,此后,尚有120余名京官先后5次上书,为有清一代所罕见。这对推动变法维新运动无疑是有积极意义的。

第三次上书是请改科举制度,这是三次上书中最具挑战性的一次。

5月间,梁启超联合各省举人100余人签名,将《请变通科举折》送呈都察院,吁请皇上特下明诏,将下科乡试和会试,同时停止八股试帖,推行经济六科。梁启超痛斥八股取士,因为

其学非所用,用非所学,脱离实际——

> 自考官及多士,多有不识汉唐为何朝,贞观为何号者。至于中国之舆地不知,外国之名形不识,更不足责也。其能稍通古今者,郡邑或不得一人,其能通达中外博达政教之故,及有专门之学者,益更寡矣。

结果造成:

> 农不知植物,工不知制物,商不知万国物产,兵不知测绘算数……是皇上抚有四万万有用之民,而弃之无用之地,至兵不能御敌,而农工商不能裕国。

梁启超还十分强调人才的作用,指出当前国家间的竞争,实际上是人才的竞争,愚其民者败,竞其智者胜。

对于科举制的流弊,近代论者颇多。但由于科举制关系千百万士人和官僚的功名利禄,所以梁启超的行动遭到了很多人的反对。不但都察院和总理衙门拒收,那些正在北京参加会试、与八股性命相依的举人也对梁启超加以围攻。

虽然这次上书落得如此结果,但它却成了不久后百日维新期间废科举制的先声。

除了发动三次"公车上书"运动之外,梁启超还参与了保国会的组织活动。在梁启超和康有为从事维新运动伊始,就十分重视组织各种性质的学会,将学会看作是团结有识之士的最好形式。

1897年冬,康有为到北京后,就决心再次组织学会,以续三年前强学会之旧。1898年1月5日,他率先联合广东省在京人士在南海会馆成立粤学会。

接着,闽学会、蜀学会等也相继在京成立。在这些学会的基础上,康有为于4月17日组织200余名士人、官员,在宣武门外菜市口南横西街的粤东新馆召开大会,成立全国性学会——保国会,宣布本会为"救亡""保国"而设。

4月21日,在保国会召开的第二次会议上,梁启超登台演说,对中国士大夫坐而论道不敢有所作为的心理痛下针砭,他说:

> 乃及今岁,胶、旅、大、威相继割弃,受胁失权之事,一月二十见。启超复游京师,与士大夫接,则忧瓜分惧为奴之言,洋溢乎吾耳也。及求其所以振而救之之道,则曰天心而已,国运而已。谈及时局,则曰一无可言;语以办事,则曰缓不济急。千臆一念,千喙一声,举国戢戢,坐待刲割。……故启超窃谓,吾中国之亡,不亡于贫,不亡于弱,不亡于外患,不亡于内讧,而实亡于此辈士大夫之议论、之心力也。

梁启超要求大家积极行动起来,合群力开学会,唤起国人,共同奋起救国。

使吾四万万人者,咸知吾国处必亡之势,而必欲厝之于不亡之域,各尽其聪明才力之所能及者,以行其分内所得行之事。人人如是,而国之亡犹不能救者,吾未之闻也。

经过整整一个春天紧锣密鼓的活动,到初夏时节,梁启超、康有为终于迎来了他们梦寐以求的日子。

百日维新的失败

1898年6月11日,光绪皇帝下了《明定国是》的诏书,终于决心变法。光绪皇帝召见了康有为和梁启超,直接听取他们的意见,下了许多道变法的命令。

那些参加过保国会的官员,这时也都积极行动起来。光绪皇帝还特地派梁启超负责办理大学堂和译书局的工作。梁启超为维新变法做出了最大的努力。

6月16日,光绪皇帝召见康有为,商议维新变法事宜,并任命他为总理衙门章京行走,特许专折奏事。

于是,关于废八股、发展农工商、整顿军队、变官制、建学堂、开议院等奏折迫不及待地飞进乾清宫,成了光绪皇帝变法的研究资料和依据。

7月10日,上谕命各州县改已有大小书院为中小学堂。

7月13日,上谕命三品以上京官及各省督抚学政迅速咨送经济特科人才。

第三章 戊戌变法

8月2日,上谕设矿务铁路总局于京师,部院司员及士民皆准上书言事。

8月26日,上谕责江督刘坤一、粤督谭钟麟不奉诏。

8月30日,上谕裁汰京内外冗官。京内有光禄寺、太常寺、大理寺等重要衙门,京外有湖北、广东、云南三省巡抚等。

9月5日,上谕革礼部六堂官职。

9月6日,擢用谭嗣同、杨锐、刘光第、林旭为军机章京。

改革命令如雪片般地飞下,沉寂喑哑的中国大地鼎沸一时。重症猛药,意欲将中国积百年之顽疾一夜摒弃。

7月3日,梁启超曾得到光绪皇帝的召见,赏给六品衔,办理译书局事务,梁启超的变法之业终于得到合法地位。

但是,梁启超并未因此得到重用,究其原因,竟是口音差池,他的广东口音使光绪不悦,可谓荒唐至极。梁启超本以为既已面圣,则夙愿可偿、抱负可施,不想却不得皇上重用。

情绪低落之时,梁启超忽而想到了家乡,想起家乡的淳风美景。山水湖泊,苍郁林木,层峦叠翠,这些好久没能体会到了。况且为国事奔波,常以妻女为念,记挂父亲身体,也好久没有听祖父吟诗了。

多年未曾尽到一点孝道,或许该是游子归家的时候了。但是又转念一想,老师已经得到了皇上的重用,成了维新变法的实际指导人物,自己又怎么能在这紧要关头抛下老师一人呢?况且,自己不是已经立下了为维新事业奋斗终身的大志了吗?怎么能因为小小的挫折而放弃呢?于是,他回家的想法也就作罢了。

061

6月21日,康有为觐见光绪,提出废科举、变取士旧制。变科举、诏改取士制度,这应该是这次变法所取得的最大成就。然而,圣旨未下,刚毅和多名大臣一起面见光绪,陈言枉改科举之事万万不可行。

当时光绪大怒,与刚毅进行了激烈争吵。最后刚毅提出要请太后批准,但是直到24日,太后才答应了这件事。

乡试、会试应用八股的旧规已改,而童生和生员参加岁试、科试应用八股尚未改。7月31日,康有为上书请童生、生员考试时也改为策论,当日圣旨即下。

然而,八股为当时读书人博取功名的唯一手段,废八股,无疑是夺其生存之本,断其生活之粮,遂引起了士人们的强烈抗议。更有甚者,竟遣人行刺梁启超、康有为二人。

此时,守旧大臣亦纷纷上书,抗议变法,企图复八股。康有为草折一份请杨深秀上达光绪,请求对敢提出复八股者给以重惩,诽谤变法的言论才渐渐减少。

由于新政严重侵害了守旧势力的利益,遭到了他们的强烈抵制。光绪皇帝下的每一道圣旨形同废纸一张,无人实行。而且光绪的一言一行还不得超越慈禧太后定下的框架。

随后,礼部尚书怀塔布阻挠主事王照上书,光绪下令革除礼部六堂官职,此举再次引起顽固大臣的仇视。9月,军机大臣便纷纷要求慈禧太后重新训政。

太后本人更不愿既得大权旁落光绪之手。9月13日,光绪帝就设立一个代替军机处的顾问机构,与慈禧发生激烈冲突。不久,光绪就被软禁在了瀛台。

第三章 戊戌变法

9月21日，慈禧太后宣布废除新政，下诏抓捕梁启超、康有为等人，京城空气一片凝重。此前，康有为得到消息，在一片恐怖中，他乘火车离开了北京。

在此期间，梁启超正在和谭嗣同商议维新计划，忽闻光绪被禁，康有为失踪，不由得仰天长叹。这一消息不啻为晴天霹雳，没想到短短百天，维新大业就功败垂成，真是喊天天不应，叫地地不灵，悲伤、震惊、惶恐……万千情感，齐上心头，二人不禁抱头号啕大哭。

政变前几日，杨锐等人已接到密旨，力图营救皇帝，挽救变法，可是出于政治经验的欠缺，轻信了袁世凯，终至维新大业昙花一现。

梁启超也曾求助外国使节，无奈英国公使到北戴河避暑去了，友人李提摩太也无能为力，找日本前首相伊藤博文也未能成功。

梁启超又来到日本公使馆，在纸上飞快地写着：

仆三日内即须赴市曹就死，愿有两事奉托。君若犹念兄弟之国，不忘旧交，许其一言……

梁启超大义凛然的气概感动了日驻华代理公使林权助，他答应承担梁启超所托之事，并说："你为什么要去死呢？好好想一想，如果心意改变，什么时候都可以到我的地方来。我救你啊！"

康有为早已在20日晚到达天津，并于21日上午11时乘英

国太古公司"重庆号"客轮离开天津南下上海。

25日,谭嗣同、康广仁、林旭、杨深秀、杨锐、刘光第等6人不幸被捕,于28日被残忍杀害。就这样,轰轰烈烈的维新运动以失败告终。

这一年时值农历戊戌年,所以维新运动史称"戊戌变法"。

在日本逃亡的日子

梁启超在中国经历了险象环生的追捕,逃离中国本土,接着他又熬过了海上旅程的寂寥,终于登上日本海岸。

初抵日本,梁启超下榻东京牛込区马场下町,饮食起居均由日本进步党提供。加之梁启超出逃时随身带有一些银两,生活也就较为方便,尚无困苦之虞。

要说有些不自如的地方,则主要是言语不通和难得与志士同仁交往、与文人诗友聚会,为此,他常常感到寂寞。

不久,康有为也来到日本,这使梁启超又惊又喜,师徒二人劫后重逢,不禁热泪盈眶。

康有为此行带来了梁启超家中的消息:在梁启超出逃之后,清廷的兵丁奉旨曾到梁启超的家乡,在新会茶坑村查抄,他们锁拿亲族,搜刮财物。

在危难之时,梁启超的妻子李蕙仙毫无惧色,义正词严地指斥清兵的暴行。为防再生不测,梁启超的父亲即刻带领全家逃往澳门避难。

梁启超得知昼思夜想的家人受自己拖累而遭罪,深深的愧疚和悲哀涌上了心头,但是亲属们遭此大难仍安然无恙,他又感到一阵欣喜,特别是妻子李蕙仙的深明大义,对自己的事业如此理解和支持,他更是感到莫大的安慰。

梁启超与家人取得了联系,夫妻间遂飞鸿不断,相互勉励。妻子的理解和支持,成为梁启超事业追求的重要精神支柱。

在逃往日本的海程中,梁启超曾反复思量,如何争取日本政府继续支持戊戌变法后中国的维新事业,改变"皇上幽囚,志士惨戮"的局面。

为了赢得日本各界的同情和理解,康有为在日本作短暂停留期间,与梁启超一起广交日本朋友,与犬养毅、高田早苗、柏原文太郎等频繁来往。

1898年10月26日、27日两天,梁启超出面连续拜见日本外务大臣大隈重信的代表志贺重昂,进行了笔谈,希望日本政府联合英、美等国共同对慈禧太后施加压力,迫使其归政光绪。

日本有报刊发表文章,批评中国戊戌变法的失败,是由于操之过急所致。梁启超见到此文,颇不以为然,于11月2日致书日本人品川弥二郎,对这种说法进行了驳斥。他写道:

> 在日本明治维新时期,吉田松阴曾力主只有从事流血斗争,天下事方有可为,而观望持重则为最大下策。中国数千年之疲软浇薄,较之日本幕府末期的情形,有过之而无不及,"非用雷霆万钧之力,不能打破局面"。中国的变法运动,非但不激进,而且还过于和缓。

时隔不久,梁启超又在日本《东邦协会报》发表文章,陈述戊戌变法及其失败的情形,极言中国变法之成败与日本的利害关系,认为中国上有皇帝的"英明仁厚",下有爱国志士"志盛气锐",光绪皇帝如能复出,"一二年间,一切积弊,可以尽去;一切美政,可以尽行",改革仍然充满希望。梁启超呼吁日本政府及日本各界以"友邦之力",促成光绪皇帝复出,助中国完成维新大业。

其实,日本政府确立对华政策,完全以是否符合本国的利益为依据的。在戊戌变法前,因慈禧奉行联俄拒日的政策,日本乃极力亲近拉拢中国的维新派,企图通过扶植一批未来的亲日势力,达到日本在华利益处于优先地位之目的。

戊戌变法后,日本政府看到以慈禧为代表的守旧顽固势力重掌朝政,认为维新派已很难在中国政治舞台重新有所作为,便采取了一种骑墙圆滑的外交手段,周旋于清廷与维新人士之间。

为了表示出对清政府的"友好"姿态,他们公开表示不准流亡中的康有为在横滨、神户等地上岸。康有为在东京登陆后,他们又催促康有为尽快离开日本。

另一方面,日本又暗地声称要保护中国的维新派,向在日的维新人士提供居住和一些生活条件,把他们视为在外交上向清朝政府讨价还价的筹码。实际上,日本对梁启超等人提出的政治要求则不置一词,无任何实质性的动作。

梁启超无视日本政府的真实面目,坚持联日制俄,把维新大业的希望寄托在日本政府身上,企图通过游说,使日本政府出面干预朝廷,让光绪皇帝复出,并结成中日联盟,共同抵御来自北边的沙俄之威胁。这样,中国便可摆脱惨遭瓜分的危难境地。

事实证明,梁启超等人的愿望实在是一厢情愿的幻想。有人说,梁启超波澜起伏的亡命生涯是以苦学日语、苦读日本之书开始的。此言不差。

在逃往日本的途中,大岛舰舰长曾送他一本日文的《佳人奇遇记》,让他读读解闷。梁启超不懂日文,随便翻了翻,不知所云,只好搁置一旁。这实际上也提醒了他,学好日语已是当务之急。

来到日本,突然置身于使用另一种语言和文字的国度,因言语不通,给梁启超的生活和事业带来极大不便,他迫切感到学好日文刻不容缓。

当衣食起居一经安顿,梁启超便每日埋头苦读,还专门请了日本人教他学日语。梁启超本极为聪慧,加之勤奋努力,很快就入了门,渐渐地他可以借助字典看日文书了。

1899年2月,当康有为离开日本赴加拿大之后,梁启超便邀既深通中国文法、又已初通日文的罗孝高一起前往箱根环翠楼,住在那里潜心学习。梁启超的目的很明确,就是希望尽快提高日语水平。

半年下来,梁启超的日文基本过关,他不仅已经可以比较顺利地阅读日文的报刊、书籍,而且他还与罗孝高共同编写了《和文汉读法》一书。

梁启超初习日文时,便注意搜集、阅读各种日文书籍和报

刊,可以说,他的日语水平是在大量阅读日文书籍中提高的。其实,日本民族自身并没有多少经典传世,梁启超这一时期所读的日本书,大多数是明治维新以来日本大量翻译的西方著作,涉及政治学、经济学、哲学、社会学等领域。

这一时期梁启超所选择的阅读范围,显然与他思考、探究的问题有关。他如饥似渴地读这些中国读不到的书,思想上受到了极大的冲击,引起了强烈的震撼。

梁启超深刻意识到这样一个事实:弹丸岛国的日本在漫长的封建幕府时期,几乎一切都学中国,但是最后在穷途末路之时,便调头向西方学习。

日本自明治维新以来,在30余年间,"广求智识于寰宇",所译所著西学新书不下数千种,其中介绍和翻译政治学、经济学、哲学、社会学方面的书籍尤为详备,而这些书籍正是开民智强国基最紧要、最急需的。而中国呢,为求富国强兵,前些年翻译的西学仅"偏重于兵学艺学,而政治、资生(即经济)等本原之学,几无一书焉"。

这是梁启超第一次从文化的视野,通过对中日两国的比较,深刻反省自己的民族。

把政治学、经济学、哲学、社会学等学科视为开民智强国基之急务,一反中国传统的对西学的态度,体现了梁启超作为思想家的敏锐之处、过人之处。

在初赴日本的那段岁月里,梁启超在已被翻译成日文的西方哲人的著作中徜徉,殚精竭虑,废寝忘食。但是他的收获也是满满的,学问大为长进,思想产生飞跃。他曾这样自我评价:

自居东以来,广搜日本书而读之,若行山阴道上,应接不暇,脑质为之改易,思想与言论与前者若出两人。

和孙中山达成共识

梁启超和孙中山两个人颇有渊源。在万马齐喑、死气沉沉的中国,一代伟人孙中山从他从事反清事业伊始,就十分注意寻求与国内主张改革、主张进步的诸种势力的合作。

1892年,孙中山在广州、澳门一带借行医为名进行革命活动时,就注意到了正在万木草堂讲学的康有为,他向康有为建议,挽手联合共图大业。

当时高傲的康有为提出:联手的前提是孙中山必须具门生帖子拜他为师。此举伤了孙中山的自尊心,所以机会只能由此错过。

1895年,孙中山在广州创办农学会,具大红请帖请康有为、梁启超、陈千秋等参与其事,但是由于康有为的不同意而未成。

孙中山先行亡命日本时,为培养反清志士,联合华侨办了一所学校,想请梁启超主持校务,又被康有为拒绝,理由是梁启超正在上海主办《时务报》不能脱身。

在戊戌变法后,孙中山曾设法营救梁启超和康有为。梁启超、康有为先后流亡日本,孙中山不计前嫌,除了派人看望,又通过日本友人转达问候,甚至还有亲自前往慰问的打算。许多日

本友人认为这是促成两派联手的大好时机,积极劝说康有为。

在犬养毅的早稻田寓所,孙中山与梁启超进行了最初的合作会谈,不过又是因为康有为不松口,梁启超又只能听命于康有为,故会谈无甚结果。

随后孙中山又派陈少白专程拜访康有为,反复陈述清政府危机重重,并且无可救药,但康有为仍然只想报答光绪皇帝的"圣恩",做帝王师之梦,故始终不为所动。就这样,康有为一再拒绝与孙中山携手。

但梁启超不像其师康有为那样固执,于1895年他就与孙中山圈子里的人建立了联系,康有为一直将孙中山拒之门外,不过这并不能代表梁启超的愿望。

梁启超此时认为,中国"有志之人既苦稀,何可更如此相仇!"尽管横滨的革命党与保皇党此时正相互攻讦得十分厉害,但梁启超并不主张如此,他在主动寻找孙中山。

1899年3月,康有为离开日本后,梁启超加紧了与孙中山的联系,两人的交往至此得到深化。梁启超形容两人间的关系是"已订交",孙中山则说他与梁启超之间"另有秘语,非局外人所能知"。

不仅梁启超与孙中山两人之间的往来增多,甚至国学大师章太炎结识孙中山,也是通过梁启超介绍的。

梁启超还与孙中山合作创办了刊物《中国秘史》二期,宣传亡宋、亡明及洪秀全失败之痛苦,揭露列强的残酷迫害和侵略,以此激发国人的忧患意识和反抗精神。

孙中山、梁启超二人的合作甚至达到了要联合组党、共同革命的地步,然而由于康有为和徐勤的阻挠,最终只得不了了之。随后,革命派兴中会创办华侨学校,与大同学校对峙,两方关系渐渐转入低谷。

用"饮冰室主人"做笔名

在梁启超和孙中山的交往中,最重要的收获就是东京大同高等学校的创办。1899年8月,梁启超在华侨曾卓轩、郑席儒等人的帮助下,筹集资金,建设校舍,招收学生,聘请犬养毅的助手柏原文太郎为教务长,成立了东京大同学校。

当时这所学校的学生都是来自横滨大同学校和上海南洋公学的高才生,他们聪颖好学、思想进步、吃苦耐劳。在学校里,几十个学生晚上同睡地铺,早上卷起被窝,每人一张小桌,念书写作。

虽然生活条件辛苦了些,但是他们的精神方面却异常快乐,平时师生高谈革命,旁征博引,常以卢梭、华盛顿等人相互激励。不久,梁启超又在神户建立同文学校,以做内地留学生预科之用。

同时,梁启超尤其注重报纸的功能。梁启超曾经创办《万国公报》,主持过《时务报》笔政,来到日本之后,他又广涉西学,视野大为开阔。所以,梁启超从人类文明进化的角度认识到并特别认可报纸的作用和功能。

梁启超说:"思想自由、言论自由、出版自由,此三大自由者,

实惟一切文明之母",报馆是"国家之耳目也,喉舌也,人群之镜也,文坛之王也,将来之灯也,现在之粮也"。自报纸问世以来,国人中还没有人像梁启超那样将报纸看得如此重要。

经过奔走活动,梁启超争取到旅日华商的投资,又得到黄遵宪等人的捐款,于1898年12月正式创办了《清议报》,报馆设在横滨。梁启超阐述了该报的宗旨:

  维持中国之清议,激发国民之正气;增长国人之学识;沟通中国与日本的文化,增进两国的情谊;发明东亚学术,以保存亚粹。

梁启超又确立该报的性质"为国民之耳目,作维新之喉舌"。

他终于在海外开辟出一块舆论阵地,开始用"饮冰室主人"的笔名写文章,这一个笔名伴随了梁启超的一生。"饮冰"之典故出自《庄子·人间世》篇,是说楚庄王的玄孙诸梁接受了出使齐国的使命,因内心极度忧虑焦灼,早上接受命令,到了晚上就要饮冰。"饮冰"一语则形容人的内心极度惶恐焦灼。

其时,梁启超接受了西方进化论思想,将人类进化的历程判为三个阶段,这三个阶段"顺序而升",可列公式为:

  蛮野之人—半开之人—文明之人。

在梁启超看来,西方列强均进入文明之人阶段,而中国尚处于半开之人水平,国难当头,事业维艰,叫他怎能不万分焦急惶恐!

《清议报》由冯镜如名义上担任发行人,梁启超则为主编。梁启超为《清议报》开设了论说、名家著述、文苑、外论汇译、纪事、群报撷华等栏目,以"主持清议,开发民智"为宗旨,每10天出一期,每期40页,共出了100期,而梁启超发表的文章在100篇以上。

这100期的《清议报》,展示了梁启超亡命日本头三年喜怒爱憎的心路历程,记录着他在这一时期的思想、情感,以及广读西书所受到的震撼。

梁启超曾鲜明概括了《清议报》的四大特点,即"倡民权""衍哲理""明朝局""励国耻"。《清议报》突出了这四个方面的宣传。

梁启超以无可辩驳的事实和不可阻挡的笔底气势,对清朝统治阶级的腐朽、昏庸、卖国、独裁不遗余力地进行了鞭挞和揭露,抨击最厉害的是慈禧、荣禄和袁世凯。比如他痛责慈禧是"逆后",说慈禧前后三次垂帘听政,导致中国衰败,她不仅是中国人民的公敌,而且是"大清十一代之罪人"。不过,梁启超对光绪仍然是歌颂圣德的。

"读东西硕学之书,务衍其学说以输入中国",这更是梁启超主办《清议报》致力于承担的责任。梁启超以他独具的慧眼,选择东西方思想、学说之精华,加以介绍和引进。在这特定的历史时期,他更重视对卢梭、孟德斯鸠的西方近代社会政治学说和风靡欧美的进化论思想的宣传和输入。

经过西学的洗礼,梁启超对拯救中国又有了新的思考。他认为,唯有民权思想普及人心,才有可能维新图强。因此,梁启超把提倡民权作为办好《清议报》的第一要义。

奉师命去往檀香山

1899年初秋时节,梁启超突然接到妻子来信说,在父亲梁宝瑛的护送下全家人已经起程前往东京与他团聚。这可乐坏了、也急坏了梁启超,乐的是日思夜想的亲人终于可以相见了,但是自己尚无居所,况且他早已受美洲各埠华裔邀请,正准备前往美洲游历。

在维新人士罗孝高的帮助下,梁启超才在东京小石川久坚町租到一个院落,这里翠园绿竹,空气清新,颇有几分江南风光的模样。梁启超取名为"吉田宅",把这个地方作为自己在东京的"家"。

10月,梁宝瑛等人乘坐的客轮停靠在长崎港,梁启超已在此等候多时,终于看到李蕙仙抱着女儿令娴和父亲一起走上码头。

一家人阔别重见,喜极而泣。

回到东京的新家后,宽敞的厅堂、清雅的环境,令李蕙仙心情愉悦,她感到十分满意,而"吉田宅"院内中国式的风景又让她顿生故园之感。入乡随俗,李蕙仙改名为蕙仙子,女儿名吉田静子,母女都穿上日本和服,开始了在日本的生活。

正值梁启超在家中享受天伦之乐时,孙中山邀请他去商讨双方的联合问题。梁启超不久便到了横滨。会上,双方讨论两方合并,孙中山被推举为会长,梁启超为副会长。

对于康有为,孙中山回答梁启超说:"弟子为会长,为之师者其地位岂不更尊!"梁启超悦服。会上公推梁启超草拟劝康有为退休书,并起草联合章程。

不过,此举遭到徐勤、麦孟华等人的反对,二人随后寄书康有为,称"卓如渐入中山圈套,非速设法营救不可"。当时康有为正在新加坡办理保皇派事务,得到二人书信后大发雷霆,立即派叶觉迈携款赴日,勒令梁启超赴檀香山办理保皇事务,不得延误。

师命难违。梁启超不得已,只得答应前往檀香山。12月19日,日本友人柏原文太郎等在箱根塔之泽环翠楼举行欢送酒会。酒会上,梁启超难抑心中郁结,应柏原要求,挥笔而就《壮别》:

> 丈夫有壮别,不作儿女颜。
> 风尘孤剑在,湖海一身单。
> 天下正多事,年华殊未阑。
> 高楼一挥手,来去我何难。

梁启超将《清议报》的文章交由麦孟华主持,自己改用柏原的姓名和护照,在伊藤博文的资助下于24日离开东京。临行时,送行到江岸者数十人,梁启超面对刚刚相聚的妻女父亲,也只

得挥泪而别。此后,一家人又要天各一方。

轮船航行在茫茫大海中,天空中阴云布满,水天之间显出一轮模糊的月影。月光影影绰绰,清辉哀淡,好像也知道梁启超的心事一般。

再后来,天上竟连一点细微的光明也无处寻觅了。触景生情,梁启超又一次思索起自己所走的漫漫道路,步步艰难,重重危险。他是多么渴望自己能拥有扫荡满天阴霾的力量,使中国像日本、像英美一样生机勃勃,一样富裕强大。

梁启超蜷伏在船上,一幕幕往事撞击心灵,他独自品味着。成就带来了自豪,失败更磨炼了意志。

航行12天后,梁启超终于到达目的地。此时檀香山黑死疫病横行,梁启超一上岛,便是一片狼藉,亡国伤感充满于胸。忽又闻清政府驻檀香山领事要求驱逐他的消息,更是气愤难耐。

次日,当地广东籍侨商梁任南等数十人来访,梁启超当天下午和来访者一起参观了当地的华人学校,开始了他在檀香山的活动。

不久,梁启超在日本领事的帮助下,得到了当地政府的保护,自由行动的权利得到了保证。而梁任南等为了梁启超的安全和方便,为他租了住处,地处僻静的郊外,四周有围墙,还有数人一同居住,护卫出入。

檀香山小岛众多,风景宜人,碧波南海,游人如织,享有"太平洋天堂"之称。梁启超在这令人心清气爽之地,活动日益频繁,不论是在维新派还是兴中会,他都有了不小的影响力。抵达的数十天内,何宽、李禄、孙眉等知名人物一一前来拜访。

5月1日，岛上的疫禁解除，梁启超始终为筹建保皇会四处奔波。梁启超每次演讲都听者众多，也有很多人对他的演讲内容表示赞同。在演讲之后，总会有人留下来向他请教问题，寻求帮助。

但是数日后，入会者寥寥无几。尽管办理保皇事务并非梁启超心中所愿，但既已开始，他定然是全力以赴。他每次都认真准备演讲内容，并做了很多其他的工作，以达到筹建保皇会的目的。

为了更有效地工作，梁启超申请加入当地最有影响力的组织"三合会"。经过严格的入会程序，梁启超被破格推举为"军师"，在当地"威名"远扬。

不久，中国维新会在檀香山建立，梁任南被推举为总理，钟木贤、张福如为副总理，钟水养为协理。不仅兴中会会员踊跃加入，三合会的一些成员也都纷纷响应。

此后，维新会取代三合会，成了这里最具影响力的政治社团。然而，梁启超代表保皇维新的主张，使他在檀香山的活动影响了兴中会组织，于是引起了不少革命派人士的不满，为以后梁启超与孙中山等人的决裂埋下了隐患。

密谋自立军起义

1900年3月,义和团运动爆发,其势愈来愈盛,后来甚至发生了杀戮日本使馆书记杉山彬的事件。其众毁教堂,杀教民,北方形势顿时严峻起来。

就在这时,南方督抚单独形成自保局面,和各方签订互不相犯的协定,清朝的东南半壁江山大有不保之势。这时,保皇、革命二派都看准机会,准备联合革命。

孙中山想通过革命推翻清朝皇帝,建立共和政体。而康有为则想通过此举,使光绪皇帝重新登位,主导维新变法之业。很明显,两个人的主张是截然不同的,这就让二者不可避免地产生了矛盾。

这时,梁启超提出以光绪皇帝为共和国第一任总统,以求"两者兼全"。虽然他们表面上表示同意了,但是他们之间没有明确统一的思想基础,这给起义失败埋下了伏笔。

梁启超面对箭在弦上的"勤王"运动,开始为之积极奔走,发挥他的特点,展现他主编的卓越才华,大造革命舆论。

早在1898年,梁启超就发表《破坏主义》,鼓动民众,热情赞扬革命。对于当时保皇会组织涣散、办事效率低下,梁启超提出了广纳人才、变更人事等多项建议,可是都没有引起康有为的重视,没有人会想到,就是因为这些细节,最终酿成了苦果。

关于网罗人才,梁启超指出,举大事者,必先合天下之豪杰,"阔达大度,开诚布公"为不二法门。然而"吾党之手段,每每与此八字相反"。

梁启超提醒康有为要认清形势,想尽办法收罗"难驾御难节制"的人才,以用来谋划大事。同时督请总会布置联络职责,以免各方交流不畅,影响起义。可见,对于起义之事情,梁启超一直都是非常担心的。同时,这次起义对他来说也是非常重要的。

保皇会澳门总会办事拖沓也深深刺激了梁启超,数十封信件未回复一字,梁启超感到总会人才奇缺,组织混乱,遂书信一封,提出建议,请康有为设法大加整顿,调整人事。

在信中梁启超建议设立一个总理,总持各项事务。同时针对资金短缺,他提出设立一个会计出纳,管理资金使用情况。后来,梁启超看到王镜如、何穗田等的能力不足以领导总会,不顾多年情谊,坚决要求"能统全局之人"徐君勉归澳主持总会事务。

梁启超在东京创办东京大同高等学校,也正是为了起义的需要。他一直都注重培养专业军事人才,寻觅军事骨干。1899年冬,该校高才生林锡圭随唐才常回国,成为勤王运动中的军事领导人物。

唐才常回国后,积极联络会党人士,组织正气会,用来联络上海以前的维新志士。后来正气会改名为自立会,口号为"救国自立",争取多方面人士的支持。

自立会在上海组织"富有山堂",以自立会会党为基础,用来团结东南各省会党。江湖上名声极盛的张耀廷、刘传福等人

为正龙头,康有为、唐才常由于当时的社会地位被列为副龙头,而梁启超、林锡圭为总堂,地位又次之。

可能是由于自立会以康、梁、唐、林为骨干,所以他们在组织运转中的权力并不小。由于原维新派前辈容闳为孙中山代表,所以,自立会一方面接受梁启超和康有为的领导,一方面又拥戴孙中山。

1900年7月,北方义和团运动蓬勃发展,自立会同志倡议邀结社会名流与会党首领设立"国会",这个提议得到大家的一致通过。不久,80多人在上海愚园之南新厅会聚一堂,召开"中国议会",并推举容闳担任会长,严复为副会长。

随后,容闳作了演说,宣讲了宗旨。他声如洪钟,听者无不激情高涨,掌声雷鸣。三日后,"国会"召开第二次会议,主要内容是完善机构,任命人事,真正开始其指导勤王运动的作用。

为了执行自立会纲领,成立了以唐才常为首的自立军。梁启超、孙中山、康有为作为指挥者,参与了此后的起义。梁启超担任自立军的总指挥。

当时,唐才常统帅中军驻扎汉口,另有几支武装分驻安庆、大通、常德、新堤,号称10万,准备于8月9日在安徽、江西、湖南等地一并起义,直捣京师,以求推翻清廷。

为了有效地指挥起义,从檀香山刚刚回到日本的梁启超,仅作稍稍停顿,便赶往上海,准备亲临督战。

踏上回国的轮船,梁启超早已没有闲情逸致欣赏大海的波澜壮阔,但海鸥的一飞冲天,也会让他心中充满对起义胜利的憧憬。同时,淡淡的隐忧也弥漫在他的心头,军士的过于自信,组织的混乱，联络不畅，还有最重要的军饷问题，一件又一件事情压在他的心头，令他对起义忧心忡忡。

起义遭受失败

踏上祖国的大地，梁启超还没来得及回味重归故土的喜悦，自立会的谋士就带来了令人愤怒的消息：澳门总会无法按时拨发军饷，唐才常不得不推迟起义时间。

梁启超大怒，他对康有为产生了极度的不满，30多万元的捐款为什么迟迟不能寄来充作军饷呢？梁启超百思不得其解。随后，他住进虹口丰阳观，开始处理起义事宜。

然而噩耗再一次传到梁启超这里，由于联络不畅，安徽的吴禄贞、秦力山不知唐才常更改起义时间，仍于8月9日在大通起义，最终因为力量悬殊，寡不敌众，大通起义仅仅坚持了三天，就宣告失败。右军也于当日起义，孤军奋战，最后也不得不败退湖南。

梁启超闻讯后，大为悲痛，速请同在上海的孙中山离沪返日，自己留守上海，静观事变。此时，梁启超还幻想汉口的起义能够成功，以挽回大局。

令人悲伤的是，不幸再次打击了梁启超，汉口起义的消息被湖广总督张之洞提前得知。张之洞于21日破获汉口英租界内的自立军机关，逮捕了唐才常、林锡圭等一批重要首领，起义计划遭受到毁灭性破坏。随后，两湖空气凝重，一大批义士死

于张之洞的血腥屠杀。

汉口起义没能充分考虑到国内外的形势,在张之洞和英国领事勾结后,又不能认清局势,便陷入了二者的阴谋中,最终酿成了苦果。消息传到上海,梁启超悲愤交加,他痛恨英国领事的可恶,痛恨张之洞的残忍,也痛恨康有为的不识大局,痛恨这黑暗的世界……

上海也跟湖南、湖北一样,开始追捕自立军要犯,东南一带乌云密布,一片恐怖。梁启超躲在丰阳观中不能自由出入,每日靠狄楚卿送饭。

生活在狼牙虎爪之下,生命安全尚得不到保证。梁启超一面设法逃离上海,一面设法挽救勤王义士。最终在严峻的现实面前,他只好选择早离上海,结果逃亡后的第一次归国勤王起义以彻底的失败告终。

悲愤之中的梁启超随即南下来到新加坡,欲与康有为一辩究竟,到底为何资金不能按时到位,从而颠覆了整个局势。

此时的康有为在清政府的悬赏缉拿下四处躲逃,几经搬迁。1900年8月9日,康有为又移居槟榔屿,住进英国总督的房子,接受英国政府的保护。面对国内如火如荼的斗争,康有为竟然闲居著述,并把这里称为"大庇阁"。

9月中旬,梁启超来到这里,与康有为展开了激烈争论,二人之间的嫌隙顿时表露无遗。康有为斥责梁启超与孙中山联合,跟自己的立场不同,简直是叛逆行为。梁启超质问康有为自立军军饷不济,联络不畅,造成失败后果该由谁承担责任。

二人皆愤愤不平,争执激烈。梁启超终因顾及师道尊严,不得不稍作让步,没有进一步辩驳。二人最后互相妥协,暂时重新站在了一起。

此前,日本人宫崎滔天南下新加坡游说康有为,希望康有为能抛弃保皇,联合革命。可是,"香港康徒闻宫崎曾赴粤谒李鸿章,遽电告康,谓宫崎奉李鸿章命,来南洋行刺请慎防"。康有为寻求到英驻新加坡官员的帮助,将宫崎逮捕入狱。

孙中山随后亲访英总督,说明了事情的真正情况,宫崎这才得以释放。不过这件事让两方的合作协议彻底毁弃,梁启超也因为此前的一系列保皇活动受到了革命党人的仇视,梁启超、孙中山彻底决裂。

从此以后,两方冲突不断,沟壑难平,直到民国成立,两方的鸿沟还未消除。

勤王运动的失败,与革命党的决裂,保皇党内部的混乱,一下子全都从天而降,无尽的烦恼折磨着梁启超,失败的阴影似乎一直笼罩在他的身上。

无人聆听自己的烦恼,也无处倾洒自己的忧愁,梁启超只好将所有的不快、郁闷暂时抛开,在槟榔屿的美景中聊以自慰,领略大海的博大,思索人生的哲理。

主办《新民丛报》引起轰动

岁月如水,生命如歌。梁启超客居异国,出访、办报、筹款,他曾为力挽腐朽的清王朝拼命奔波,勤王运动的失败宣告了他

几年来的努力付诸东流,一去不复返。岁月无情,苦苦折磨着这位"当时最为耀眼"的明星。

    风云入世多,日月掷人急。如何一少年,忽忽已三十。

  梁启超用这首诗来宣告自己的重新开始,1902年便成为他一生中最有纪念意义的一年,他开始了一生中又一个黄金时期。

  梁启超在经历一系列的打击后,对中国上层社会彻底绝望了,他开始把中国振兴的希望寄托在广大民众身上。

  梁启超在涉猎一系列的西方著作、考察西方社会后,清晰地看到了中国民众的落后、麻木和愚昧,通过与西方"人格最完美之国民"的对比后,梁启超提出了著名的"新民理论",发动了中国的思想启蒙运动,由此奠定了他在中国现代政治思想史上的地位。

  1902年,是梁启超思想最活跃、著述最多、最富创造力的一年,《新民说》《论学术之势力左右世界》《新文学》等纷纷面世,将文化、学术界搅得天翻地覆。

  《新民丛报》是梁启超一生中创办的最为出色的报纸之一。1902年2月8日,继《清议报》后,梁启超创办的《新民丛报》(半月刊)在日本横滨正式出版发行,报上载有《本报告白》文,宣布了三条办报宗旨:

  一、本报取《大学》"新民"之意,以为欲维新吾国,当先维新吾民。中国所以不振,由于国民公德缺乏,智慧不开,故本报专对此病而药治之。务采合中西道德以为德育之方针,广罗政学理论以为智育之本原。

二、本报以教育为主脑,以政论为附从。但今日世界所趋重在国家主义之教育,故于政治亦不得不详。惟所论务在养吾人国家思想,故于目前政府一二事之得失,不暇沾沾词费也。

三、本报为吾国前途起见,一以国民公利公益为目的,持论务极公平,不偏于一党派;不为灌夫骂座之语,以败坏中国者,咎非专在一人也;不为危险激烈之言,以导中国进步当以渐也。

在这期创刊号上,梁启超开始以"中国之新民"的笔名,发表了他的脍炙人口的长篇政论文《新民说》,强调"新民为今日第一急务",大力鼓吹人们都要摆脱封建奴性,树立独立、自由和爱国家、爱民族的思想,激励人们都要具有"自尊""进步""利群"以及"进取冒险"等奋发图强、积极向上的精神,这篇文章也可以说是他这时创编《新民丛报》的指导思想。

《新民丛报》时期的梁启超及家人合影

《新民说》全文共20节,约11万字,分期刊载。《新民说》一发表,立即在国内外引起了强烈反响,人们开始意识到"国

民"对于国家的重要,尤其是"新民"对于"新国家"的迫切与必要。

梁启超为办此报,花费了大量精力,每天写作5000余字,重要的文章大都出于他的手笔,先后以"中国之新民""饮冰子"等笔名,撰写了《新民说》《新民议》等大量政论文章、知识性文章和时事评论。

梁启超十分注重西方思想文化的宣传,报中专门介绍了西方学者培根、笛卡尔、达尔文、孟德斯鸠、卢梭、康德、黑格尔、圣西门等百余人的思想,涉及范围也十分广泛,凡西方政治、经济、军事、哲学、法律、历史、地理、文学及自然科学,无不尽力加以介绍。创刊第一年共发24号,属于介绍西方思想文化的就有23号。

《新民丛报》的版面设计颇为讲究。丛报为半月刊,每期篇幅120页,约五六万字,32开本,封面套色印刷,文字前有图画和照片插页,洋式装订。每期有页码,每类文章各自为次。共开设24个栏目,分论说、学说、时局、史传、教育、学术、小说、名家谈丛、口闻短评、海外汇报、中国近事、舆论一斑等内容,每一号经常保持10至15个栏目。丛报的撰稿者所写文章大都语言明白流畅,文笔生动犀利,深受读者欢迎。

创刊后不久就发行5000余份,有时达到10000多份。寄售点多达89处,除日本外,在国内有江苏、浙江、安徽、湖南、湖北、江西、广东、广西、四川、福建、山东、上海、天津等省市,国外有朝鲜、越南、暹罗、檀香山、美国、加拿大等地。其销量之多、影响之大,是当时任何中文报刊都无法相比的,成为备受人们关注的综合杂志期刊。

《新民丛报》发行一年后,就将办报之前的借款还清,改为股份经营,分为六股,梁启超居两股,冯紫珊、黄为之、邓荫南、陈侣笙各占一股。冯紫珊为编辑兼名义上的发行人,实际是梁启超主编。至此,戊戌变法后节节败退的阴霾散去,梁启超开始新的人生篇章。

第四章 政坛沉浮

第四章 | 政坛沉浮

游历美洲大开眼界

梁启超一生曾有过几次长途旅行,1903年的美洲之行是其中重要的一次,因为它在梁启超斑斓多姿的人生经历中,带来了他的又一次思想转折。

梁启超早有赴美洲考察的愿望,1899年底旧金山中国维新会成立,应该处华侨组织之邀,他在日本登上远洋轮,横渡太平洋,准备前往美国。

"誓将适彼世界共和政体之祖国,问政求学观其光",这出自他当年写于途中的《二十世纪太平洋歌》中的一语,表达了梁启超对美洲新大陆的向往。无奈康有为敦促他赴檀香山办理保皇会事务,适逢岛上鼠疫流行,滞留半年之久,又适逢国内自立军起义如箭在弦,催他速返,他不得不暂时放弃那一次的美洲之行。

三年之后,梁启超如愿以偿,于1903年2月20日,离开日本横滨,又踏上了考察美洲的旅途。经过半个月的海上颠簸,3月4日,轮船抵达加拿大西部城市温哥华。

梁启超在温哥华做了短暂停留,便乘火车前往加拿大首都渥太华。梁启超在渥太华参观数日后,又来到加拿大东部重要城市蒙特利尔。

该城人口多半为法国移民,梁启超着重了解了这座城市中的法国移民的生活状况,然后由此城出发进入美国境内。梁启

超希望此行能了解美国的政治、经济、社会、文化、风俗人情以及华侨的生存与发展等情况。

5月12日,梁启超抵达美国纽约,当地华人社会对他的到来表示出极大的关注和热情,所到之处观者如潮,人们甚至为他的到来停工停业,以示欢迎。

他一踏上美国国土,首先感受到美国的繁华,并为之惊叹。他描述自己的这种感受说:

> 以内地来者,至香港、上海,眼界一变,内地陋矣,不足道矣。至日本,眼界又一变,香港、上海陋矣,不足道矣。渡海至太平洋沿岸,眼界又一变,日本陋矣,不足道矣。更横大陆至美国东方,眼界又一变,太平洋沿岸诸都会陋矣,不足道矣。

梁启超在游历了纽约,观光了贫民窟后,发出了"天下最繁盛者莫如纽约,天下最黑暗者亦莫如纽约"的叹声,指出在纽约同样可以亲眼看到"朱门酒肉臭,路有冻死骨"的现象,而这显然是财产分配不均所造成的。

据当时统计,全美财产中的70%属于20万富人所有,另外30%属于7980万贫民所有。富人只占人口的0.25%,财产分配不均已达极点。梁启超由此慨叹万千。

在华盛顿期间,梁启超拜会了国务卿海约翰及当时的西奥多·罗斯福总统。由于罗斯福在前几天发表的演说中提到门罗主义,并一再叫嚷门罗主义"所向无敌",这使梁启超感到很吃惊。梁启超认为：

> 若说"亚美利加者,亚美利加人之亚美利加",则不需要发展海军力量;若说"亚美利加者,美国人之亚美利加",也不需要发展海军力量;除非说"世界者,美国人之世界",才需要发展海军力量。

梁启超清醒地看到了美国总统要做世界霸主的野心。

5月21日,梁启超到费城游历。他首先参观了独立厅,接着参观了被誉为美国第一军港的海军造船所。梁启超看到,美国以往持非战主义,故海军微不足道,"今则形势一变,以武断主义为对内政策,以侵略主义为对外政策",故海军发展很快。

1903年,美国海军扩张预算已达840万美元,较前一年又增加40万美元。对这种军备扩张,梁启超深为忧虑,进而提醒"我同胞一念之"。

梁启超接着前往马里兰州巴尔的摩和宾夕法尼亚州的匹兹堡访问。当他看到电报传播速度之快时,深叹"世界之进化,真不可思议"。接着又到了南方的路易斯安那州的新奥尔良游历。

在南方,梁启超看到黑人虽获得了解放,但社会地位仍很低下,其自由权也只是名义上的,实际上和以前相差无几。黑人若犯罪,白人不经法官审判,便可以当众把他烧死。梁启超当时感叹:

对此种惨无人道之举,若不是亲历美洲,决不会相信,不知美国对此事件作何解释?美国的独立宣言写得很清楚:凡人类皆生而自由,生而平等。难道黑人就不是人?"呜呼,今之所谓文明者,吾知之矣!"

7月25日,梁启超又北上到了芝加哥,拜访了名人杜威。杜威以军乐相迎,殷勤款待。晚上,杜威请梁启超到大教堂演说,听众达6000人。

梁启超从芝加哥向西行,经由大北铁路,于8月30日到华盛顿州的西雅图,接着又南下俄勒冈州的波特兰。其间,梁启超看到报纸上载有中国领事馆随员谭某被美国警吏殴打侮辱而最后自杀一事,引为国耻,便作挽诗三首,其中一首是:

国权堕落嗟何及,来日方长亦可哀。
变到沙虫已天幸,惊心还有劫余灰。

9月25日,梁启超由波特兰到达美国华人最多的城市旧金山。梁启超到达时,华侨以军乐欢迎,情况比纽约更热烈。梁启超觉得若要从比较中了解华人的品质,最好是在旧金山。

华人的长处是:

爱乡爱国之心很强,不肯同化于外人,义侠颇重,冒险耐苦,勤俭诚信。

第四章 政坛沉浮

短处是:

> 无政治能力,保守心太重,无高尚的目的。

全美约有华人12万,以职业分类,有洗衣业、渔业、杂货业、农业、裁缝业等。无业者中,以赌为最多,这是很怪异的现象。

10月24日,梁启超到萨克拉门托游览。10月29日到达洛杉矶,华侨为他举行了最盛大的欢迎会。华侨代表以兵马一队、军乐一队,到车站迎接,并陪梁启超乘车先绕市一周。沿途西人来观者为数众多,他们鼓掌、挥巾以示敬意。

维新会临时在街心搭一彩楼,供梁启超作演讲之用。11月1日,洛杉矶市又举行市民欢迎大会,市会堂张灯结彩,全市的著名绅商都来参加。在欢迎大会上,梁启超作了一个多小时的演讲。会后又赴茶会。由于归期已到,梁启超不能久留,于是离开洛杉矶北上,经旧金山前往加拿大的温哥华。

11月30日,梁启超乘"中国皇后"号轮船返回亚洲,12月11日到达日本横滨。

与同盟派的对战

美洲之行,给梁启超带来思想政治立场的又一次重大转折,他对美国华人社会的种种失望,由此想到中国人的素质,中国国民性的弱点,使他对立即在中国实施民主共和制度产生怀疑。于是,他开始收回迈向革命的脚步,返身折回改良的营垒。

如果说1903年以前梁启超在改良与革命之间曾经几度徘徊瞻顾,举棋不定,那么他在1903年底漫游美洲新大陆归来后,则宗旨大改,言论骤变,从礼赞革命到反对革命、从心向共和到回归保皇立场。

人们对照他数年前的言论,很难相信同样出自一位曾经自命为"思想界陈涉"的梁任公之手。这变化之大,连他自己都感到诧异。他说:

> 吾之思想退步,不可思议,吾亦不自知其何以锐退如此其疾也。

从美洲归日不久,梁启超考虑再三,终于主动作出姿态,写信给徐勤,谋求缓和与康有为的紧张关系。信中说:

> 长者(即康有为)处因相隔太远,而弟往书颇疏,故生出种种支离。实则弟自问一年来对不住长者之举动极多,无怪其恼怒,一切严责之语,弟皆乐受。因长者知我为可责之人,乃肯见责也。前日之事实,或有实由弟之悖谬者,亦有出于无心,而既生支离后,愈滋支离者。今弟所自认悖谬之处,悉以诚心悔改,其他出于无心者,亦断无不可解之理。

人们都说,梁启超认错知罪表示"诚心悔改"之日,便是他重归康门回到改良营垒之时。梁启超美洲之行返日后,连连发文,否定革命的必要,散布革命的恐怖与危害,完全放弃曾经大肆鼓吹的"破坏主义"和"革命排满"主张,从而拉开了革命与改良两大阵营全面论战的序幕。

梁启超回归改良营垒,无疑大大增强了保皇党的实力。而革命派一方,其力量正在迅速发展壮大,革命与保皇两党间的激烈冲突,势在必然。

1905年8月20日,兴中会联合华兴会、光复会等革命团体,组成了中国近代史上的第一个资产阶级政党——中国同盟会。同盟会在孙中山的领导下,提出了"驱逐鞑虏,恢复中华,创立民国,平均地权"为内涵的三民主义政治纲领,并在东京设立了自己的机关报——《民报》。同盟会的组建,标志着中国的资产阶级革命发展到一个崭新阶段。同盟会的建立使清政府惊恐万状,迫于内外交困,清政府为应付局面,派出载泽、端方等五大臣前往欧美及日本"考察政治"。1906年9月,清廷根据五大臣的密奏,颁发了"预备仿行宪政"的上谕,宣布预备立宪。

同盟会人对清廷的这套把戏早已看透,并嗤之以鼻,但康有为一派闻之则兴奋雀跃,以为实现君主立宪政治理想的时机即将到来。梁启超在给蒋智由的一封信中不无天真地写道:

今夕见号外,知立宪明诏已颁,从此政治革命问题可告一段落,以后所当研究者,即在此过渡时代之条理如何。

诚然,同盟会的成立和清廷宣布预备立宪,使革命派与改良派双方都最终确定了自己的政治行为宗旨,两大政治阵营的思想及组织界限由此泾渭分明。

论战双方,同盟会这边以孙中山、章太炎、汪精卫等为首,将《民报》作为冲击阵地;改良派方面则以梁启超为代表,据守《新民丛报》,大有一夫当关之势。

论战的焦点则为:要不要采取革命手段推翻清政府;要不要建立民主共和国体;要不要改变封建的土地制度,等等。

进入20世纪的中国民众对长期的封建专制统治早已失去最后的耐心,以孙中山为代表的革命党人主张以暴力推翻清政府,实现平均地权、民主共和的愿望顺应历史潮流,在民众中具有强大的号召力,越来越多的有识之士加入了革命派行列,即使在东京,一时也是热浪滚滚,更多的人投奔同盟会。

相比之下,改良派的阵营却是愈来愈不景气,它引起梁启超和康有为的极大忧虑。

梁启超鲜明表达了与革命派势不两立的立场,在他的心目中,革命派成了头号敌人。从《时务报》《清议报》再到《新民丛报》,梁启超久主大报报坛,又首创"报章体",以笔力及文章影响论,文名已是如日中天。故而论战之初,梁启超大有先声夺人之势。

双方就革命与改良、民族、民权与民生等问题,进行多次理论的交锋,而论战的文字,总计有100余万字。

但双方一交火,便显示出了各自综合实力的强弱。革命党人中不仅有国学功底深厚的章太炎,有政治上成熟的孙中山,而且聚集了一批文章写得虎虎有生气的年轻有为之士。

而改良派这边,大手笔仅梁启超与康有为而已。由于康有为名声太旧,又不时为改良派内部的问题所困扰,影响力大不如从前,主帅梁启超不得不孤身一人实行车轮大战,使出浑身解数迎战群雄,他累得精疲力竭。

论战仍在继续,不过它是朝着不利于梁启超的方向发展。最后,梁启超挂出"免战牌",向革命党妥协,提议停止论战。

创办政闻社的兴衰

1906年9月,清政府迫于形势下诏宣示预备立宪。尽管只是不知何日真正能实行的"预备",但此消息已经使在海外避居多年的梁启超异常欣喜,以为"政治革命可告一个段落",今后的主要任务就是对宪政进行"学理"研究,宣传和阐释立宪的主要主张和理论,并适时地监督与参与政府有秩序的变革。

梁启超是立宪运动的精神领袖,虽从戊戌变法起就一直是朝廷通缉的要犯,却又名动天下,在当时之中国,以通晓中外政理著称。所以,某些朝廷大员还与他暗通款曲,向他咨询时务。

1906年,载泽、端方为预备立宪的出国考察报告实际就采用了不少梁氏有关文章;1907年,法部尚书戴鸿慈还专门就有关法部与大理院权限问题写信向其请教。当然,这些大员或许有另一层考虑,梁启超毕竟不是要推翻朝廷,相反还与革命党

论战维护大清王朝。

梁启超一直与革命党人进行着如火如荼的论战,但是到了1906年11月,梁启超却主动通过友人徐佛苏向革命党人表达了停战求和的意向,以便可以抽身出来投身于立宪运动。

在梁启超看来,现在最急迫的是要建立一个强有力的政党,此事的重要性远远超过与革命党人打嘴仗。可是,革命党人却并不想放过他,他们拒绝了他的建议,迫使他将论战继续进行下去。

1907年7月,《新民丛报》因故停刊,给了梁启超撤出战斗的机会。于是,梁启超趁机单方面停火,开始将精力全部转移到联络同志、组建政党这件在他看来十分紧急的事情上。

当年9月,政闻社在日本成立,这是梁启超政党实践的第一步,为避清廷忌讳,康有为、梁启超都未列名担任职务,政闻社不设正副会长,而设总务员一人,邀请马相伯担任。表面上是由马相伯、徐佛苏、麦孟华负责,实际上却是梁启超主政,他是首脑。

然而,革命党人当时并没有停止论战的意思,所以在成立大会的当天下午,革命党人张继、陶成章等率众大闹会场,惊动当地警方。梁启超为顾全中国人颜面,未将真相告知日本警方,以息事宁人。

早在十天前,梁启超在东京创办了《政论》月刊。主编为蒋智由,立宪派人物麦孟华、黄可权、马相伯等先后参与编撰,以造成正当舆论,改良中国之政治为宗旨,内容设论著、时评、演讲、记载、来稿、社报、杂录等栏目。

第四章 | 政坛沉浮

政闻社成立后,《政论》被作为它的喉舌,鼓吹改造中国现行之政府,主张实行国会制度,建立责任内阁,提倡组织政党以行立宪,号召请愿以促使清政府速开国会。

立宪派要求召开国会的请愿运动,也是梁启超最早发动的。早在1902年,他就提出应效仿当年英国"权利请愿运动":

> 彼英人在昔常有"权利请愿"之举,有"不出代议士不纳租税"之格言,真可谓惟一正当之手段,惟一正当之武器也。

国内立宪派响应他的号召,开始了轰轰烈烈的请愿运动。

事实上,在筹办政闻社的过程中,梁启超自然对清廷一些大员抱有相当期望,通过关系希望得到张之洞、袁世凯、端方、赵尔巽等一些要员的支持,并拟推荐光绪皇帝的弟弟、军机大臣载沣为总裁,度支部尚书载泽为副总裁。

1907年6月,梁启超还专门来到上海,想与袁世凯、岑春煊面谈,但并未实现。事实说明,梁启超想拉这些大员入会只是他的一厢情愿,这些官员可说开明,其中有人对梁启超和康有为可能不乏同情,但要他们公然入会则非常危险,无人敢冒此风险。

由于马相伯的努力,政闻社本部于1908年2月迁往上海。此时,远居海外的梁启超只能用遥控的方式进行指挥。他的武器,就是手中的笔。

梁启超在政闻社的机关刊物《政论》上发表了大量文章,宣

传政闻社的宗旨,普及宪政知识,"劝告"清政府从速颁布宪法,从速立宪。同时,他还通过大量信函对立宪运动进行具体的指导。

经过政闻社成员的积极活动,国内的立宪运动发展得很快。他们联络各省的咨议局、立宪公会,呈请清政府限期召开国会,并派遣会员到各地发动社会各界人士签名请愿,准备上书朝廷,一时间签名者达4万人,甚至连在旗的士民也被他们鼓动起来,发起八旗国会请愿,连日签名者,异常踊跃。但这种大好局面很快在清政府顽固派的打击和压迫下迅速土崩瓦解。

以政闻社成员、时任法部主事的陈景仁被革职查办为导火索,1908年8月3日,应袁世凯等大臣的请求,慈禧太后发布上谕,着民政部、各省督抚、步军统领、顺天府等衙门严拿惩办政闻社的"悖逆要犯",梁启超再次榜上有名,而成立只有十个月的政闻社也被迫解散。

掀起宪政的狂潮

1908年11月,光绪皇帝与慈禧太后相隔一天先后辞世,光绪之弟醇亲王载沣不满三岁的儿子溥仪继承皇位,改元宣统,载沣为摄政王统领朝政。

光绪之死,康有为悲莫大焉,因为依靠这位"旷代圣主"再度维新的美梦化为泡影。

第四章 | 政坛沉浮

不过,对于梁启超来说,则是喜大于悲,因为他早已意识到,宪政的"枢机不在君主而在国民",光绪之死无损于宪政大业;而慈禧这个专权残暴的女人死了,意味着宪政的春天或许会很快来临。

根据种种迹象,梁启超敏锐地判断出,慈禧死后的政治格局中,军权在握而且野心勃勃的袁世凯与摄政王载沣之间势必发生利益冲突,其结果将不利于袁世凯。

1908年的12月,梁启超在给蒋智由的信上说,大丧期间,载沣"虑失国体",不便马上动手,"大约百日服满后必有异动"。

不出梁启超所料,一个月后,载沣以袁世凯患"足疾"为由,将袁世凯开缺回河南老家了。

梁启超获悉袁世凯终被开缺的消息后,顿时觉得光明拂面,他压抑不住内心的喜悦,立即给肃亲王善耆写信,称赞载沣的"英断"之举,并希望转达摄政王,向中外宣布袁世凯的种种罪状,进而"广拔贤才,申明政纲",以不负"天下之望"。

梁启超跃跃欲试,又不失时机地于1909年初拟就《上摄政王书》,陈述宪政利国利民,和盘托出立宪主张,请求载沣采择。

慈禧已死,袁世凯被开缺,中国的宪政大潮又一次汹涌而来。

在各省筹设咨议局,是1907年清廷预备立宪的产物,而各省咨议局几乎全为立宪派所控制,这就使立宪派取得了"国民代表"的资格和过问政治的合法地位。

1909年12月,各省咨议局的代表在上海成立"国会请愿同志会",酝酿联合请愿。梁启超闻讯立即派徐佛苏加入,并长驻

103

上海负责与国内各立宪团体和议员的联系。通过徐佛苏的鼓动和宣传，使议员们对他们的主张"至为信仰"，从而扩大了梁启超一派在立宪党人中的影响。

不久，徐佛苏北上，入京主持国会请愿同志会的机关刊物《国民公报》，梁启超抓住这一阵地，坐镇日本遥控立宪政潮。

为了避免四面树敌而分散力量，梁启超总结一些革命党落败的教训，调整策略，与徐佛苏商定，确立《国民公报》的大计方针为："不对政府及私人上条陈"，"不对革命党及他派下攻击"，"利用革命排满之暗潮，痛诋清政而鼓吹立宪"，"专对国民发言"，全力以赴向国民宣传宪政方针，使《国民公报》真正成为"立宪运动之大本营"。

梁启超在该报初办的数月内，"每三四日平均寄文一篇，畅论国民应急谋政治革命之理由"，竭力宣传自己的立宪主张，精心指导又一波宪政风潮。

1910年3月，梁启超等人又创办《国风报》，报馆设在上海，梁启超为总撰稿人。梁启超创办该报，其初衷是想研究种种政治问题，并向国民灌输立宪政治常识，"亦求温和，不事激烈"。

然而随着清政府预备立宪骗局日益暴露，《国风报》言论渐趋激烈，以至于"无日不与政府宣战"。清政府曾许诺实施立宪，但故意拖延预备立宪的期限，梁启超极力主张以大规模联合请愿的方式，要求清政府缩短预备立宪的时间。

1910年1月和6月，各省咨议局代表在北京举行了两次联合请愿，要求速开国会，均遭到清政府的无理拒绝。梁启超对此深表愤慨，8月31日，他在《国风报》上发表长文《论政府阻

挠国会之非》,一针见血指出清政府的"所谓筹备者,乃无一事不出于欺罔",并十分激烈地警告当局:

> 使政治现象一如今日,则全国之兵变与全国之民变必起于此一二年间。此绝非革命党煽动之力所能致也,政府迫之促然也。

两次联合请愿失败后,梁启超没有气馁,号召继续进行"激进请愿","不达即开国务之目的不止"。当年10月,立宪派又发动了声势更大的第三次联合请愿。

迫于各种压力,清政府不得不缩短"预备立宪"期限,许诺在1913年召开国会,定于国会召开的前两年成立责任内阁。

立宪派的要求是即开国会,清政府的让步与立宪派的目的仍然存在很大距离,而且清政府的强硬态度表明,它绝不会再后退一步。

对国会请愿日益失望的各省咨议局代表,于1911年在京成立了宪政团体"宪友会",总会设在北京,各省区均设分会。徐佛苏被选为总会常务干事。

宪友会确立其任务:

> 第一步是"团结各省议员及优秀人士,一面对政府呼吁,速开国会,一面对民众培养运用宪政及自治之智识";第二步则为"拟俟国会成立之后,即以此会充任政党"。

出于对宪政真谛的把握,梁启超对这个具有拟议中的立宪政党性质的宪政团体寄予了厚望,给予了特别的关注。从该组织的酝酿、成立乃至它的活动,梁启超"始终与闻其事",不仅起草了该会的宣言,审定了其他文稿,"且于会中多撰论著"。

梁启超是一位立宪政治的大实践家,以他对宪政的理解,指导和推进中国的宪政大潮,身体力行谋求立宪政治在中国的实行。同时,梁启超更是一位大构想家,他孜孜不倦地研究宪政理论、描绘中国宪政的蓝图。1910年至1911年的两年间,梁启超发表文章87篇,其中直接论述或详尽阐发宪政的有29篇。

梁启超坚持认为,立宪政治的实质乃议会政治,即政府对国会负责,"有国会谓之宪政,无国会谓之非宪政,筹办国会谓之筹办宪政,不筹办国会不谓之筹办宪政"。

既然召开国会是筹办宪政的先决条件,那么梁启超构想中的国会是什么面貌呢?如下:

一、国会的法律性质"为制限机关,与主动机关相对峙";

二、国会的政治性质为"代表全国人民各方面之势力";

三、国会的功用"以奖励竞争之形成,行调和竞争之精神";

四、国会的最终构想乃"国民全体之意思,为国家意思";

五、国会的组织以"两院制为宜"。

由于立宪政治的实质是政府对国会负责,故而梁启超构想下的国会,其职权受到高度强调,具体言之,国会应拥有如下权力:

> 参与改正宪法之权;提出法律、决议法律之权;议决预算、审查决算之权;事后承诺之权;质问政府之权;上奏弹劾之权;受理请愿之权。

梁启超觉得这些权力"苟缺其一,即不成为国会",当然,国会最根本的职责"在于代表民意,监督政府"。

至于国会的组织形式,梁启超力主实行英国式的两院制,分左院和右院。"左院"相当于英国的上议院,由皇族议员、敕选议员、蒙藏议员和各省议员组成。

其中"代表各省之议员"是左院的核心成员,由省议员、省教育总会、总商会等民间团体推选。"右院"即相当于英国的下议院,梁启超则特别强调"平等以代表全国国民,故必以人民选举之议员组织而成"。

梁启超反对有限选举制,尤其反对选举人的财产限制,认为人民既已向政府纳税,也就有了参政议政的"当然之权利"。他主张右院议员由普遍选举产生,倘若不是这样,"则将流于少数政治,其反于立宪之本意甚明"。

由此看来,梁启超大体是按照西方的模式来构想中国的国会,其中又突出了国会的普遍代表性和人民性。

第五章
回国之后

第五章 回国之后

与康有为再生分歧

1911年10月10日,是值得中国人民永远纪念的日子,辛亥革命爆发,使中国几千年的封建专制土崩瓦解。这一历史巨变,也给梁启超提供了新的活动舞台。

然而,这一年的开头却是寒冷得让梁启超感到忧郁。国内立宪派联合请愿连续受挫,谋求开放党禁无果,杨度上书奏请赦用梁启超又似泥牛入海,这一连串的失利,使得梁启超的心境极为悲凉。

看来,日薄西山的清王朝顽固到底,已经不可救药了。这期间,他在写给康有为的一首诗中表达了对清王朝完全失望又无可奈何的复杂心态:

>舳舻回首是河梁,十二年中各逊荒。
>难以焦头完火宅,枉将奇梦发明王。
>出生入死行何畏,转绿回黄究可伤。
>青史恐随弓剑尽,鼎湖西望最凄凉。

1911年10月21日,即在武昌起义爆发后,梁启超写给立宪派骨干徐勤一封万言密信,详述两年来与满族亲贵来往情形及辛亥年的宫廷政变计划:

昨晨发一书，今日又发一电，文云："用北军倒政府，立开国会，挟以抚革党，国可救，否必亡。机已得，任即行，待数万押会所，电济。泣血叩。"想已达……

两年以来，朝贵中与吾党共事者惟涛、洵两人而已，而洵实无用，可用者惟有一涛。而涛与泽地位相逼，暗争日甚。去年解禁之议，涛、洵争之不下十次，而梗之者则泽也。泽与庆结，泽夫人为太后之妹，日日出入宫禁，老摄废物，畏蜀如虎，故使泽势大张。泽遍布私人，如张謇、郑孝胥之流，皆为之鹰犬，而外复与袁结，务欲縻涛于绝地。

……

故数月来，惟务多布吾党入禁卫军，而外之复抚第六镇（驻保定）之统制吴禄贞为我用，一切布置皆略备矣。吾两月前致兄书，谓九、十月间，将有非常可喜之事，盖即指此。……

这封密信，是解开1911年梁启超试图发动宫廷政变、策动滦州兵谏进而逼迫清政府交出政权、实行君主立宪的重要证据，也为解开辛亥革命领导人疑案提供了重要证据。

信中所提及的"用北军倒政府"，即是梁启超于辛亥年前即谋划已久的运动北洋军倒内阁，进而达到彻底颠覆清廷顽固派，控制国会，进行政治变革，实现君主立宪的政变计划。此计划的完整表述是"和袁，慰革，逼满，服汉"八字方针。

政变的具体内容是：

用北军倒政府,立开国会,挟以抚革党;一面勒禁卫军驻宫门,以备非常,即逐庆、泽,而涛自为总理,杀盛以快天下之心;即日开国会,当选举未集时,暂以资政院、咨议局全数议员充当国会议员,同时下罪己诏,停止讨伐军……

和袁,即与袁世凯言和;慰革,即在与袁世凯讲和的同时,安抚、稳定革命党;逼满,逼迫清帝退位;服汉,即以此令汉人信服,同时给汉人和满人权利一个完整、平等的交代,也即以君主立宪的形式开启新的国体和政体。

此政变计划的目的是实行君主立宪,核心是"和袁",即用袁世凯的北洋新军控制北京局势,以袁世凯统治取代清王朝摄政王载沣的统治,策略是通过政变,以立宪派控制国会,进而掌权。

但是,只联合袁世凯的北洋军显然是不行的,因为在此前后,南方革命党人的势力已经蓬勃发展,不能安抚革命党,则不能达到君主立宪的目的。故此,"慰革"是必要保证。

信中所说的"涛",指军咨大臣载涛,"洵"指海军大臣载洵,"庆"指庆亲王、内阁总理大臣奕劻,"泽"指度支部大臣载泽,"老摄"即光绪之弟、溥仪之父、监国摄政王载沣,此五人者皆清室皇族,掌握了晚清的政治、陆军、海军、财政大权。

其中,载涛、载洵、载泽皆主张君主立宪,但载涛、载洵倾向于康有为、梁启超立宪派,而载泽则倾向于张謇、郑孝胥立宪派。载泽与载涛权争日久,斗争激烈,而载洵实无用,载沣虽然也为梁启超所拉拢,但软弱无能,实际权力掌握在庆亲王奕劻

113

及载泽等人手中,而奕劻与袁世凯为同党,是清廷顽固派的代表人物。

故所谓的发动宫廷政变,"勒禁卫军驻宫门,逐庆、泽",即是以载涛所掌握的禁卫军驱逐载沣、奕劻、载泽等顽固派势力,并以载涛为总理。

"杀盛"乃是指除掉当时力主清政府实行铁路国有化而引发全国骚乱的邮传部尚书盛宣怀,继而召开国会,由立宪派所控制的资政院、咨议局议员充当国会议员,逐渐向国会过渡。

此外,关于夺取政权之后的建设,梁启超亦有详细计划:

> 国会晓谕此意,然后由国会选代表与叛军交涉;告以国会既揽实权,则满洲不革而自革之义,当能折服;政府一面仍下诏废八旗,皇帝自改汉姓,满人一切赐姓,以消除怨毒。

通过这样的方式,逼迫清帝下罪己诏,交出政权,废八旗制度,改汉姓,满人照例赐姓,以消除怨毒。

当然,由于是绝密军事计划,故梁启超在信中对具体的军事行动计划语焉不详,只含糊地说"九、十月间将有非常可观之事",所谓的"非常可观之事",即是指由梁启超与张绍曾、吴禄贞、蓝天蔚等北洋新军统领策动的让晚清政府奄奄一息的"滦州兵谏"。

梁启超的这个方针,兼顾宫廷内外和南北势力,应当说是相当完善。宫廷内,以载涛所统领的禁卫军把守宫门,驱逐以奕劻为首的顽固派势力；宫廷外，以张绍曾、吴禄贞、蓝天蔚率领的北洋新军一个半镇的兵力在滦州实行兵谏，胁迫大清帝国交出政权，并由立宪派控制京城局势，敦请袁世凯重新出山，进京重新组阁，立宪派和袁世凯进行合作，执掌权柄，共同稳定北京的政治、军事与经济秩序，进而实现立宪派的开国会及君主立宪主张。

当然，其中袁世凯是一个绕不过去的关键人物，即政变之后，必须由袁世凯出山具体主持大局。虽然都是由袁世凯出山，但由清政府恭请袁世凯出山和由立宪派恭请袁世凯出山，以及袁世凯主动出山，意义是绝不一样的。袁世凯自己出山，则意味着立宪派、革命党都处于被动地位，而只能受制于袁世凯。

在梁启超看来，让袁世凯出山是一个相对来说最好的结果，至少比革命党掌权要好得多。所以，说"滦州兵谏"失败，是因为立宪派掌权的失败。

但从另一个层面说，尽管参与"滦州兵谏"的吴禄贞被杀，张绍曾被解除兵权，蓝天蔚被逼走，但不能说"滦州兵谏"完全失败，因为兵谏的目的已基本达到，也不能说梁启超的政变计划完全失败，至少是部分实现了。

此政变计划，典型地体现了立宪派的政治主张。但在立宪派中又有大大小小的差别，有激进立宪派和保守立宪派、清廷中央立宪派和地方立宪派、满人立宪派和汉人立宪派等差别。即使是在比较激进的梁启超和康有为立宪派中，也还存在康有为和梁启超的分歧。

而梁启超和康有为的这个分歧，则是导致此政变挫败的原

因之一。康有为的立场是必须彻底实行君主立宪,也即必须有君主,康有为所想要的不是美国式的民主共和,也不是民主立宪,不是日德式的君主立宪,而是英国式的君主立宪。

在这一点上,梁启超与康有为基本一致,但梁启超在策略上则有所变通。在他看来,不论君主还是民主,不论是日本式还是英国式,只要先立宪就行,梁启超讲的是策略和实操,甚至在梁启超的计划中,是否君主立宪都不是最重要的,重要的是先消除破坏立宪的因素,立宪可以一步步推进。作为弟子的梁启超,尽管与其老师政见不合,但不得不遵循。

康有为、梁启超的这一分歧,某种程度上导致了参与政变的北军将领张绍曾在是否举兵攻进北京这一事情上举棋不定,打也不是,不打也不是。打,就会被康有为认为是要搞革命,尤其是革君主的命,违背了康有为的旨意;不打,又会导致计划的全盘失败,违背了梁启超的旨意。

张绍曾进退维谷,十分痛苦。于是在这样的情势下,作为军人的张绍曾竟然做出了一个十分荒唐的举动:通过烧香拜佛来决定是否进攻北京。张绍曾的这一迟延贻误了最好时机,在一定程度上使得梁启超的政变计划最终落空。

梁启超带着深深的失望,黯然返棹东还,回到日本。

第五章 | 回国之后

与袁世凯握手言和

1911年,梁启超自知流亡生涯快要结束了。当武昌起义发动,孙中山也不在国内,然而革命志士前仆后继不畏死难,以实际行动打响了第一枪,遂有南北对峙的局面,南北议和的形势,进而有中华民国之成立。

梁启超也预料,中国的政局变数仍然太多,袁世凯如何动作将是关键。自"和袁"之策既定,袁世凯对梁启超也有种种不同寻常的表示,先是组阁时名单中有张謇、杨度、梁启超,给梁启超派了个法务部次官,算是延揽入阁。梁启超坚辞不就,既因为对袁世凯不放心,"项城之心,千疮百孔",又因为这"次官"由梁启超去做,实在不伦不类。

袁世凯却一直在催,函电不断,云:

> 十余年来,执事含忠吐谟,奔走海外,抱爱国之伟想,具觉世之苦心,每读所著文字,未尝不拊掌神往也。

又云:

> 执事热心匡时,万流仰镜,现值国事鼎沸之际,民生涂炭之秋,必不忍独善其身,高蹈远行,不恩同舟之急难,坐视大厦之就倾。

117

袁世凯是求贤若渴,不计前嫌了。

这时海外立宪党人主张"迅赴北都""尽早入阁",而担心错失良机的是绝大多数,梁启超却还是在观察、等待。

1912年2月12日,清帝退位,15日,袁世凯从孙中山手里接过中华民国临时大总统之职,权倾一时。梁启超知道,除了联合袁世凯以外,已经是山重水复疑无路了。

梁启超当即致电袁世凯,贺其就任。继而,又写一长信,吹捧之外再献上安邦定国之策,并最终发出了归国合作的信号。对梁启超来说,这封信写得并不轻松,他有很多理由作为解释,但总觉于心不安。

梁启超一番字斟句酌之后,写道:

> 欧阳公有言,不动声色,而厝天下于泰山之安,公之谓矣。三月以前,举国含生,汲汲顾影。自公之出,指挥若定,起其死而肉骨之,功在社稷,名在天壤,岂俟鲰生揄扬盛美者哉?今者率土归仁,群生托命,我公之所以造福于国家者,实仅发端。而国民所为责望于我公者,益将严重。

袁世凯做大总统以后面临的一大问题便是财政,梁启超认为只有"合租税政策、银行政策、公债政策冶为一炉,消息于国民生计之微,而善导之,利用之"。

梁启超在给袁世凯的信中,最大限度地发挥了自己知识渊博、深悉舆情、广知民意的特长,替袁世凯作分析、陈利害。他认为活跃于今日中国政治舞台上的不外乎三派,旧官僚、旧立宪、旧革命派也。

梁启超希望袁世凯以旧官僚派的熟悉行政之长而为行政部中坚；以旧立宪派和革命派中"有政治思想者"组成"健全之大党"。梁启超还不失时机建议袁世凯"今后之中国，非参用开明专制之意，不足以奏整齐严肃之治"。

也许，梁启超这封信的最后部分应是最难落笔的，既要发出归国合作的讯息，又不能降低了自己的身份，语言之妙，尽可观来：

> 数月以来，承我公不以常人相待，国士之报未尝或忘。既辱明问，用竭区区。交本非浅，自不觉言之深也。犹憾所怀万千，非楮墨能罄其一二。客冬事变之方殷，无日不欲奋飞内渡，以宣力于左右。徒以方处嫌疑之地，为众矢之的，恐进不以时，为知己累。又审我公大计既定，凡鄙见所怀欲陈者，早已次第实行。
>
> 枢纽旁午之时，绵力亦末由自效。是以屡次方命，良用增惭。今感情之时代既去，建设之大业方始，谣诼之集，当不如前。驱策之劳，略堪自贡。亦拟俟冰泮前后，一整归鞭，尽效绵薄，以赞高深，想为大君子所不弃耶！

从仇袁、倒袁、和袁一变而为与袁世凯合作联手，梁启超走出了他政治生涯最为艰难也最为矛盾的一步。

梁启超自此开始，与袁世凯函电往来便日见频繁，同时还派汤觉顿到北京面见袁世凯，详述梁启超对时局的看法和建

议。和袁联袁,到了实际运作的阶段。

其实,梁启超尽管对袁世凯有过过分的捧场言辞,但却不是为了委身袁世凯,或者说两者之间都是在某一特定时期的互相利用。张君劢给梁启超的信充分阐明了这一点:

> 然长处超然之地,又势所不能,唯有择其比较适于建设者,则歹如联袁。数年之后,我们可以造成一大党,为建设事业之中坚,袁亦将听命于我。

同时代人中,谁能责备梁启超呢?革命党不也在纷纷联手袁世凯,把临时大总统都让出来了吗?

袁世凯催促梁启超早早归国,各方人士也函电敦请,亡命天涯的日子可以结束了。

1912年11月中旬,梁启超启程归国。11月16日,船抵天津港,当年被清兵追着从天津出逃,如今北洋系军政大员张锡銮、唐绍仪等隆重迎候。

及至到达下榻处,三天之中,登门拜访者达200人,与此同时,"各省欢迎电报亦络绎不绝"。梁启超兴奋地说:"此次声光之壮,真始愿不及也。"

11月28日,梁启超离津赴京师,各界欢迎,盛况空前。梁启超在北京小住12天,既有"极人生之至快"的荣耀感,也有"极人生之至苦"的受罪感。食不甘味,卧不安枕,"每日不得饱食",因为所有请客吃饭都以为梁启超久居海外,已习惯于刀叉牛排了,"日日望得一京菜,而不可得也"。

第五章 | 回国之后

至于会客,"每夜非两点钟客不散,每晨七点钟客已麇集,在被窝中强拉起来,循例应酬,转瞬又不能记其名姓,不知得罪几许人矣"。

梁启超归国抵京后热烈、隆重的欢迎场面,实在出于诸多原因,也是社会众生相的一次大演示。首先是梁启超自戊戌以后的威望及学术、文化成就,一个在国外艰难流亡十多年的人,没有颓废没有沉沦,而且几度成为"中国言论界之骄子",归国时可说名满天下,著作等身,由此而言,这一切梁启超当之无愧。

其次,当总统府专为梁启超举行欢迎会之后,各部门、各团体轮番请客,则不仅是只为梁启超一个人了,也捎带着趋奉大总统袁世凯的意思。

而由同盟会改组为国民党的旧友,也"日日来邀",并为他举行欢迎会,希望他加入国民党,这里既有宋教仁与梁启超私交不错的因素,也有共组统一战线的味道。

梁启超在北京时,正值北大学生闹学潮,罢课的学生一听梁启超来了,便连忙提出请愿,要求梁启超到北大当校长。

在京的商会、团体,包括佛教协会、八旗生计会都来上门请客,这且不说,就连"向不请人"抠门传代的山西钱庄也把梁启超请去着实吃了一顿。一时北京人"咸以为奇闻"——为梁启超,山西人居然也花票子了!

梁启超所受到的礼遇,从他被安排在贤良寺下榻即可想而知了。贤良寺,岂是等闲之地,那是当年曾国藩、李鸿章做封疆大吏入京时住的地方,据说为此项安排,北洋政要还颇费思

量,最后请袁世凯定夺。袁世凯捻动胡子说:"任公够格,住贤良寺!"

汤觉顿便把这句话传给了梁启超,并问:"贤良寺小住感慨如何?"

梁启超一笑:"房间典雅舒适,惜乎钥匙在别人手里。"

演讲自然是少不了的,梁启超擅长于写而不太善于说,尤其是一口广东话,曾经让光绪皇帝听得莫名其妙。后来跟夫人学国语,流亡十多年也没有少登台一呼,北京的旧友都说:"卓如出洋归来,嘴上功夫有大长进。"

其实,归国之后的每一次公开讲话,每一篇发表的文章,对梁启超来说都并不轻松,他必须有所解释和交代,他不得不面对如何评价辛亥革命及共和政体的问题,他也无法回避改良与革命这两种不同主张的存在。他不能像康有为一样死硬,也不能一变之下就完全成了袁世凯的北洋门下或国民党的新党员。

于是,当检索历史从故纸堆里重新聆听梁启超的声音时,便能感觉到这是一个既识时务不甘人后,同时又巧妙地左右周旋,并适时埋下伏笔,随时准备东山再起的人物。

梁启超慷慨陈词,拥护辛亥革命,并且对自己过去的君主立宪主张巧妙地一笔带过了:

> 不是"不慊于共和",只是考虑到君主专制的难以改变,不得已而图权宜,"岂有对神圣高尚的共和国体而反挟异议者?""故在今日,拥护共和国体,实行立宪政体,此自理论上必然之结果。"

梁启超还指出要推翻一个政权,离不开"报馆鼓吹之功",这固然是意在提醒人们对言论界从而也是对他自己的不可小视,却也道出了不少真谛,舆论之作用实在非同小可。

梁启超开始小心翼翼地重返中国政治舞台了。

成为政海的弄潮儿

北京的热闹场面终于让梁启超感到难以消受,他在北京逗留了12天之后,返回天津筹谋办点实事。

1912年除夕,这也是梁启超归国后的第一个除夕,在爆竹声中,他写定《宪法之三大精神》一文,人们常把此文视为他归国前在日本写的《中国立国大方针》的姊妹篇。

在梁启超看来,中国是带着种种落后和清王朝的腐败进入20世纪的,在国际大气候中,几乎到了亡国亡种的边缘,既无国权,谈何民权?

再进一步就中国的实际情况论,辛亥革命后中国国民的自治事业,无论在政治上、经济上,其种种设施,"类多不能自举",必须有待于国家的"督率"、"畸重国权",实施"保育政策"。因此,在《中国立国大方针》和《宪法之三大精神》两文中,梁启超反复强调张"国权"、抑"民权",即"稍畸重国权主义以济民权主义之穷"。

梁启超鼓吹"国权主义",把国家利益和全体利益放在他的国家学说的首位,忽视国民个人利益,贬责"主权在民"思想。

有论者谓：这种观点仍然是他"新民说"与"开明专制"的结合和延伸，是梁启超游历北美之后，对中西的历史、现实、文化、经济有了更切实比较的产物。

其实，国权与民权是矛盾的对立统一体，梁启超的"国权主义"，过分强调了其对立的一面，而且他主张"国权"，又是以牺牲某些"民权"为代价的，人们不能不看到他理论上的这一失误。

在梁启超的眼中，时下之中国，革命是已经革过一回，共和的牌子也高高悬挂起来了，但真要把国家引上政党政治的轨道，能绕开袁世凯吗？

是的，袁世凯"其头脑与今世之国家观念绝对不能相容"，梁启超对此深信不疑，但因为袁世凯势力大，而且不乏政治才能，"确为中国现时一大人物"，即便是奸雄，也还得依靠他，仍然离不开。

梁启超经过这番考虑，得出的结论是：

> 通过袁世凯这个权倾天下的大总统，在共和的名义下，用专制的手段，把中国引上宪政的道路，然后再限制袁世凯。

对这种策略的可行性梁启超充满自信，他认为通过"将现今大势，政治公理灌输其脑中"，可以使袁世凯脱胎换骨，从而"带着袁世凯上政治轨道，替国家做些建设事业"，实现资产阶级政党政治之梦。

而且梁启超还把这一切看得过于容易,"风行草偃,势最顺而效最捷"。对此,不仅革命党中有人笑话梁启超幼稚,就连梁启超的同道也有人谓他太过理想主义和天真。

辛亥革命带来的首要变化,是确立共和,大开党禁。孙中山领导制定的《中华民国临时约法》明确规定:

人民有言论、著作刊行及集会、结社之自由。

这是中国历史上第一次把"结社自由"用法律的形式给予认定,使政党的存在合法化,于是给尚存的党人和社团带来莫大的鼓舞。

而《宪法》中有关国家实施议会民主制,政府须由国会中占多数票的政党组建的规定,更是刺激了社会各阶层建党的热情,而且这种组党的激情不断升温,这无疑是中国历史上人民大众参政意识的一次大觉醒。

然而,政党林立的局面并不利于议会民主制的实施。因为政党过多,必然使国会席位分散,难以形成法定多数票集中于某一政党的局面。

所以,革命派和立宪派人士都希望对现有的政党进行改组,使中国出现西方代议制国家那样的两大政党竞争的局面,以促进共和宪政的实施。于是,在民国初期的前两年里,又涌动着政党的改组与重建的潮头。

1912年8月,由同盟会联合统一共和党、国民公党、国民共进会、共和实进会四个党派,正式建立了新的政党:国民党。立宪党人亦经几度分化、组合,在梁启超归国时,统一党、共和党和民主党三个政党形成规模。

这就是说,经过民国初年政治舞台的角逐、较量、分化和组合,基本上形成四党争雄的格局,而这四党又实质上是两大阵营的对垒,一方是孙中山、宋教仁为首的激进派政党国民党,强调民权,反对专制;其他三党则为另一方,以立宪派为主,同时包括了旧官僚、地方士绅及从革命党人中分化出的部分保守派组成的政党,宗旨是强调国权,主张渐进的、温和的改良。

如果又从党派斗争观之,则是国民党一党与其他三党的直接对抗。

梁启超的政治理想,是要把国内主张渐进的立宪政党改组合并成一个大的政党,与主张激进的国民党在未来的国会中互相竞争制衡,在中国形成类似英、美那样的两大主流政党,进入有序良性的政党政治轨道。梁启超认为:

> 各国政党之潮流,皆有两派:一急进,一渐进。中国十余年来,本有此两派,使各一心为国,团我二派,各自发达,则个国之进步,尚可限量乎?

梁启超归国后,面对立宪派政党整合工作的滞后,便把联合各分散的立宪党组成一大党作为当务之急。

建党思想是十分重要的,这是增强立宪党的凝聚力,使其成为"真正政党"的必要前提。为此,梁启超特提出如下六个方面的条件:

一、凡政党必须有公共的目的；

二、凡政党必须有奋斗的决心；

三、凡政党必须有整肃的号令；

四、凡政党必须有公正的手段；

五、凡政党必须有牺牲的精神；

六、凡政党必须有优容的气量。

梁启超是在努力用西方近代以来的资产阶级政党意识塑造立宪党的形象。

梁启超原本就与民主党、共和党和统一党的关系极深，他与这三党的党魁，或为旧好，或过往密切，他的政治主张亦受到此三党成员的普遍欢迎，这都表明梁启超实际上已成为民国初年保守派各政党的灵魂。

梁启超与各立宪派政党非同寻常的密切关系，自然有助于他实施合并各党，组成一"健全的大党"的方略，进而与国民党竞争。然而，梁启超的撮合并党尚未完全奏效时，第一届国会选举已经迫近。

1912年12月，国会初选，宋教仁主持的国民党胜出，次年3月复选，仍以压倒多数票取胜，拥有392席，成为国会第一大党。保守派政党呢？共和、民主、统一三党的所获席位加在一起，仍不及国民党的三分之二。

这是袁世凯、梁启超所不愿意看到的结果，虽然他们的动机不同。

袁世凯感受到他的独裁统治面临挑战与威胁；梁启超眼见

立宪党在国会中处于下风,亦如坐针毡。梁启超和袁世凯很快达成共识,必须联合起来,以抑制国民党在国会中的势头。

4月8日,国会开幕后,国民党人占有多数席位的咄咄逼人之势,也使共和、民主、统一三党大受刺激,意识到"三党分立,实非所以制胜于议会",遂大有统一的意向。

袁世凯出资20万以示支持,梁启超牵头,大力奔走和筹备。1913年5月29日,共和、民主、统一这三个保守派政党合并组成进步党,梁启超被推举为理事,其"国权主义"的理论也充分体现在进步党的政纲和大政方针之中,梁启超成为该党实际上的领袖。因进步党的组建,国会中国民党与进步党对峙的局面随之出现。

看清袁世凯真实图谋

梁启超出于对西方近代政治学说真谛的领悟,意识到政党政治是代议制得以实施的基本途径,故热衷于政党政治。然而,他期望利用袁世凯来推进政党政治,又利用政党政治来控制袁世凯,这就把中国现实的政治问题看得过于简单。

虽然进步党自居为国民党和袁氏集团之外的"中间派",但奉行"国

进步党时期的梁启超

第五章 回国之后

权主义"的理论基础和受到袁世凯支持的现实基础,都制约了梁启超不得不对袁世凯的专制主义表示迎合,这就使梁启超这一时期的形象留下了诸多遗憾,下列事实就是明证。

1913年3月20日夜,国民党领袖宋教仁在上海车站被袁世凯指使赵秉钧派人刺死。袁世凯出此毒手,事出有因。

宋教仁为资产阶级革命团体华兴会的发起人之一,同盟会中部总会总务干事,辛亥革命后任南京临时政府法制院院长,国民党成立后,任理事、代理理事长,实际主持国民党的工作。

他醉心于西方资产阶级议会政治,力主政党内阁制,反对总统制。1912年3月,袁世凯在北京组织第一届内阁,提名唐绍仪为国务总理,宋教仁出任农林总长。当袁世凯把已加入同盟会的总理唐绍仪逼走时,宋教仁面见袁世凯,愤然辞去农林总长一职,以示抗议。

1912年冬,他遍游长江中下游各省,发表演说,抨击时政,鼓吹政党内阁,号召国民党员积极参加竞选。他把矛头直接指向袁世凯,断言袁世凯必背叛民国走独裁之路,国人务须警惕。随后,国民党在国会选举获胜,宋教仁被选为议员,又是国会第一大党国民党的负全权者。

1913年4月8日国会开幕,宋教仁组阁出任总理,则是情理之中的。

袁世凯深知,宋教仁挟国民党为国会第一大党之势,准备组阁与他抗衡了;若是国民党执政,宋教仁上台,便足可以把他的独裁梦搅得一塌糊涂。那么,宋教仁是非除掉不可了。

宋教仁惨遭刺杀,举国鼎沸,尤其是国民党人义愤填膺,怒

火万丈,一致强烈要求查办凶手,严惩国贼。

袁世凯闻此消息表示"愕然",煞有介事地命令江苏都督程德全和巡查总长应桂馨"穷纠主名,务得确情,按法严办"。哪知"穷纠"的结果,主使行刺者乃堂堂大总统本人,而直接布置暗杀的则是国务总理赵秉钧和应桂馨。"宋案"真相大白于天下,全国哗然。

梁启超没有忘记,当年在日本论战革命党时,革命党人是章太炎和宋教仁力主笔战不应谩骂,对梁启超笔下留情。

他听到宋教仁遇刺身亡的消息,不禁大惊失色,喟然长叹:"宋君为我国现代第一流政治家,歼此良人,实贻国家以不可规复之损失!"梁启超立即撰文斥责暗杀者"如驯狐如鬼蜮,乘人不备而逞其凶,壮夫耻之"。

然而,出于一党之私利,梁启超最终采取了隐忍屈从、偏袒袁世凯的态度,对举国之中追究宋案主谋的巨大声浪不置一词。

袁世凯的阴谋被揭露,国民党人指责,人民愤怒。袁世凯恼羞成怒,准备大借外债,以武力消灭南方的国民党力量。于是,宋教仁案尚未审理完毕,袁世凯又导演了"善后借款"的丑行。

1913年4月26日深夜,袁世凯不顾国会议员、全国人民的抗议,派出内阁总理、外交总长、财政总长到英、法、美、俄、德五国银行团密商签约事宜,敲定2500万英镑借款,偷偷摸摸走的是汇丰银行后门。

扣除折扣、到期的借款和赔款,袁世凯实际能拿到手的不

过760万英镑,而付出的沉重代价则是:

> 47年借款期间,不得向银行团以外进行政治借款;借款用途由银行团代表监督;借款以盐税、关税和鄂鲁豫苏四省中央税抵押。按合同规定,47年还清之本利高达6785万英镑。

总之,袁世凯是把主权卖了!

梁启超深谙国家理财之道,对"善后借款"的性质以及所带来的严重后果心里非常清楚,故他认为这是有史以来闻所未闻的奇耻大辱。但陷入政治泥淖的梁启超,最终还是"隐忍不言",甚至拥护偏袒。

袁世凯获得大量借款得以补足兵饷,更加速了发动内战消灭南方革命力量的步骤。孙中山看清了袁世凯的真面目,力主武装讨袁。但此时的国民党内部派系争斗,意志涣散,在讨袁问题上各怀心事,步调不一。

北洋军迅速大举南下,进逼九江。讨袁军仓促应战,与此同时,上海、安徽、湖南、广东、福建、四川等省市先后宣告独立,国民党掀起"二次革命"浪潮。

两个月之后,讨袁军战败,袁世凯趁机把北洋势力扩充到江南一带,孙中山、黄兴等人再度逃亡日本。

梁启超不可能、也从未想到要把自己的命运与袁世凯捆绑在一起。然而,他因担心议会民主制流产,而不得不对袁世凯

委曲求全、趋附迎合的种种作为，客观上为袁世凯实行独裁政治创造了条件。

宣告议会民主制破灭

袁世凯考虑到正式大总统选举尚未进行，便使出了一个招数，用进步党打击国民党，让熊希龄组阁。此人是进步党人，却也是袁世凯的老关系。

时任热河都统的熊希龄得到这一消息，于1913年7月急速入京，与梁启超筹商进退事宜。梁启超喜不自胜，认为正是推行宪政、扩大党势的极好时机，劝熊希龄"泰然赴任"。

熊希龄曾经是唐绍仪当总理时的财政总长，唐绍仪被逼走，熊希龄心惊肉跳地等候袁世凯发落，结果派了个热河都统，做闲官享闲福去了。

在熊希龄的举荐下，梁启超身为司法总长，为造就近代中国最早具有资产阶级模式的法制体系，可谓费尽心机，功不可没。

梁启超坚持的"司法独立"的概念来自西方，其为针对中世纪司法弊端而被采用的一项改革措施，因为它的进步与公正一直沿袭到近代。对于这些，梁启超为了开导袁世凯不得不再三呈文，说明"司法独立之真精神，惟在使审判之际，专凭法律为准绳，不受他力之牵制"。

自古以来，中国哪曾有过这样的司法？人们已经习惯于这样的现实：

> 以权代法，权大于法，朝朝如此，代代皆然。

梁启超并特意为袁世凯拟了一道整顿司法的大总统令，宣称：

> 外观世运，内审国情，谓司法独立之大义，既始终必当坚持，而法曹现在之弊端，尤顷刻不容忽视。

为推行司法独立的理念，梁启超提出四项改革措施：

> 一曰慎重任官，以考试择优去劣；二曰严汰不职，利用舆论监督，责成有关方面对不职之徒举而劾之；三曰回避本籍，不许本地人士在审判辖区任职，"绝其瞻徇，俾能奉法"；四曰编纂法典，使法官有所依据，百姓有所遵从。

此外，梁启超还提出了考核现有律师，严定律师资格等一系列法规。

袁世凯怎么能容忍任何意义上的司法独立呢？当梁启超拟大总统令力图推行司法改革时，袁世凯我行我素，派出梁士诒到国会中拉山头组小党，为即将举行的《总统选举法》的表决及总统选举拉票，同时又让京师特务头子陆建章亲自动手抓捕国民党议员8人，让国民党知道厉害，时为1913年8月27日

早晨。

这是一个黑暗的早晨。熊希龄听闻这一消息后,顿时惊呆了。梁启超更是脸面无光,身为司法总长连擅自抓捕议员都管不了,谈何法治社会、法治国家?

这是惨痛的理念的毁灭,同时梁启超仍然面对着一再委曲求全希望得以维持的袁世凯一统天下的局面。

直到1913年10月4日,梁启超早就宣布的"先定宪法,后选总统"的主张落空,国会投票赞成"先选总统,再由总统颁布宪法"案通过,梁启超似乎还没有彻底绝望。

1913年10月6日,国会进行总统选举。1913年10月10日,举行中华民国首任大总统就职典礼。

袁世凯成为总统后,已经毫不掩饰他对国会、宪政的仇视了,他要的是完全的独裁与专制,他采取的步骤是扎实而坚定的。

1913年11月3日,军警包围并搜查了国民党总部,次日即宣布取缔乱党国民党,收缴议员证书,同时又追缴曾经加入国民党的80多名议员的证书,两院顿时鸦雀无声,开不成会也吵不成架了。

1914年1月10日,袁世凯下令停止全体国会议员职务,每人发给旅费400大洋,立即离开京师重地,回原籍,该干嘛干嘛去。

熊希龄开始写辞呈。不日,梁启超也愤然表示:

> 大政方针本出自予一人之手,前之不忍去者,实待政

策之实行,今已绝望,理应辞职。

1914年2月12日,袁世凯在熊希龄、梁启超等人的辞呈上用大字结结实实地批道:照准。

由熊希龄组织的号称"第一流人才内阁"仅仅5个月,如婴儿之不足半岁便夭折了。梁启超苦苦追求十多年的议会民主制理想也同时宣告破灭。

天之骄子重回舆论界

梁启超于1914年底辞去币制局总裁的职务,在清华学校(今清华大学)里度过了这一年岁末,接着便离开京城,把在北京旧帝子胡同的家,搬到天津意租界的三马路。

梁启超是满怀一展宏图的雄心抱负回到祖国的,然而,两载涉身国内政坛,却让他心灰意冷,消沉沮丧。

1915年1月,《大中华》杂志创刊号上发表了梁启超的文章《吾今后所以报国者》,他宣布脱离政界,满篇都是对于政治的失望和伤感。

然而,事实教育了梁启超,企图带着袁世凯走上议会政治轨道实在是"痴心妄想"。

梁启超慨叹自己进入"第一流人才内阁"以后,"其间不自揣,亦颇尝有所规划,思效铅刀之一割,然大半与现在之情实相阂,稍入其中,而知吾之所主张,在今日万难贯彻"。

梁启超选择了脱离政界来摆脱袁世凯,退回到言论界,在天津主持《庸言》报,并出任中华书局创办的《大中华》杂志主编。他不再鼓吹"国权主义""开明专制"论和"社会教育"的救国思想。梁启超几乎谢绝一切宾客,不谈现实政治,只是埋头著述。

20世纪的第二个十年,是整个人类的多事之秋。此刻,梁启超生活的国度不太平,而地球的另一方,第一次世界大战的硝烟正在欧洲大陆弥漫,白皮肤的民族被分成两大对垒阵营,以各自的血肉之躯武装着枪炮、装甲和飞机,相互厮杀。

梁启超以极大的兴趣密切关注着欧洲的战况,他每日阅读从欧洲传来的战讯,通过自己渊博的学识,分析战争双方各国的政治、经济、军事和历史情况,挥笔疾书,不足一个月,写就洋洋6万余言的《欧洲战役史论》,对正在进行的这场帝国主义战争进行全面的评述。

梁启超认为,这场战争对中国会产生积极的影响,它将刺激中国走出封闭,关注世界形势的发展和世界格局的变化,从而对比自己以图进取。

继《欧洲战役史论》之后,梁启超还想完成《世界大战役之中坚人物》《大战前后欧洲之国际关系》《战争哲理》等十余种有关欧洲战事的丛书。

然而,中国时局的变化却不允许他独处书斋去研究世界的战局和埋头著书,又把他拽回到中国的现实政治之中。

日本已摸准袁世凯心在复辟帝制而无心于国事,趁欧洲列强忙于争夺火并、无暇东顾之机,侵入山东半岛夺取了德国在山东的侵略权益。

1915年1月18日,日本公使日置益面见袁世凯,递交了旨在灭亡中国的"二十一条",企图实现独吞中国的狼子野心。亡国的危险,使梁启超再无法对时局表示沉默、坐而论道,他决心走出书斋,重新参与政治,投身于中国的现实政治之中。

日本所提出的"二十一条",内容包括:

> 中国政府承认日本享有德国在山东的一切权利;旅大租借期限及南满、安奉两铁路期限延长为99年,承认日本在南满及内蒙东部的特权;中日合办汉冶萍公司;中国沿海港湾及岛屿不得租借或割让给其他国家;中国中央政府需聘用日本人为政治、财政、军事等顾问,中国警政及兵工厂由中日合办;等等。

为了诱使袁世凯接受"二十一条",日本驻华公使日置益表示:"如果总统现在接受这些要求,日本人民将深信总统的感情是友好的,而且日本政府以后可能对袁总统提供帮助。"日置益和外交次长曹汝霖会见时,更是露骨地以日本政府赞助袁世凯复辟帝制为诱饵:"中国如欲改国体为复辟,则敝国必赞成。"

袁世凯决定要把已经残缺的主权继续出卖,对内专制、独裁,对外投降、献媚。1915年4月,中日双方的秘密谈判已到最后的阶段。然而,没有不透风的墙,伦敦《泰晤士报》率先披露了条约的全部内容。日本妄图灭亡中国的野心和袁世凯的卖国行径,激起了中国各阶层的强烈愤慨与反抗。反日浪潮顿时

席卷全国,游行示威,抗议演说,抵制日货,中华大地的各个角落到处都回荡着中国人民不甘当亡国奴的怒吼。

蛰居在天津的梁启超获悉"二十一条"的内容,顿时怒不可遏,立即奋笔疾书,连续发表了《中日最近交涉评议》《中日时局与鄙人之言论》《解决悬案耶新要求耶》《外交轨道外之外交》《中国地位之动摇与外交当局之责任》等一系列文章,维护国家、民族利益,驳斥日本为了侵华而提出的种种谬论,严厉警告袁世凯政府。

针对日本为了强加给中国"二十一条",编造出最荒谬的谎言,所谓为了"维持东亚全局之和平",梁启超批驳道:如果日本不兴风作浪,不去侵略别国,东亚和平本无所忧。

其时,美国无意扰乱自身和平,且欧战正激,德国在东方已成强弩之末,"日本人宁不知德国人在东方之战斗力已扫荡无余,难道德人在欧战期间能有力以复攻青岛、有力以复夺胶济铁路?五尺之童,知其不然矣!"

梁启超一针见血地指出:

> 日本之目的,无非是想趁欧洲列强拼杀之机,把不平等条约强加于中国,强占中国的利益,"攫取优越之权,使彼等立于他日不能竞争之地",继而"谋戕我于死地"。

梁启超义正词严正告日本当局:

> 中国百姓几千年来素有反侵略传统,志不可侮。如果

日本一意孤行,"若必逼吾国出于铤而走险之一途乎?则吾国必为玉碎,而无复丝毫瓦全之希冀,自无论矣。"

梁启超的这些公开言论,戳穿了日本人的谎言,有力揭露了日本侵略者的真面目,强烈表达了中国人民反抗外来侵略的坚定信念。日本当局大为恐慌,他们设法派人来天津进行"种种运动",企图收买梁启超,梁启超一概予以严词拒绝。日本当局恼羞成怒,对梁启超进行攻击。

梁启超正告日本:"凡以正义待我者,无论何国,吾皆友之;凡以无礼加我者,无论何国,吾皆敌之。"

梁启超继揭露了日本侵华的面目之后,又对袁世凯政府发出质问:

试问我中国有几个南满?有几个山东?有几个福建?有几个警察权?有几个顾问席?指顾之间,全躯糜碎耳。夫此岂亡我祖国亦且祸延世界。愿我外交当局慎思之,勿为祖国罪人且为全世界罪人也。

梁启超并警告当局说:

吾以为我政府若承诺日本此次之要求,即当为我国际上地位动摇之时。此最不可不猛醒也!

日本政府不顾中国人民正义舆论的谴责,肆意实行强权政

治,磨刀霍霍,增兵东三省、山东、天津等地,以武力相威胁,向袁世凯发出最后通牒,迫使袁世凯接受了大部分条款。

5月9日,陆征祥、曹汝霖代表袁世凯接受了"二十一条",5月25日,袁世凯在条约上正式签字。但是中国人民并不承认这一丧权辱国的"二十一条",中国各大中城市的工人、学生立即掀起了更为浩大的抗议风暴,包括海外广大华侨也参与这一爱国运动。

由于中国人民轰轰烈烈的爱国斗争,使"二十一条"最终未能付诸实施。而梁启超面对民族危难仗义执言,反对侵略、反对卖国,其舆论作用,不可低估。

梁启超发表了对于"二十一条"的谈判与签订的言论,觉得意犹未尽,胸中块垒,索性一吐为快,于是又撰文抨击袁世凯煽起的复辟逆流,揭露袁世凯捣毁民主政治的倒行逆施。

1915年的春天和夏天,梁启超又成为中国舆论界的焦点人物,源于他对中日交涉"二十一条"的爱国言论,以及对帝制自为的批判态度。从学生的课堂到坊间市井,人们又在传诵梁启超的文章。

较之周旋于官场,梁启超自己也觉得现在既自在得多,也充实得多,人是自由的,笔也是自由的,不用做违心的事,也不必说违心的话。

3月间,袁世凯接连两次抛出的绣球,梁启超都避开了。12日,袁世凯任命他为政治顾问,梁启超坚辞不就;31日,袁世凯又委以考察沿江各省司法教育事宜,梁启超仍未予以理睬。

梁启超此刻毕竟还未与袁世凯完全撕破脸,为国家前途计,他乘南下省亲,兼为老父亲祝寿之机,于6月与时任江苏都督的冯国璋相约,联袂进京劝阻袁世凯称帝。

与袁世凯针锋相对

梁启超对袁世凯,到了短兵相接、正面对决的最后关头了。1915年12月25日,一声霹雳,万窍怒号。云南宣告独立,三千滇军将士在湖南人蔡锷的率领下揭起"护国"旗号,向袁世凯宣战。

蔡锷是梁启超在时务学堂时的得意门生,曾担任进步党名誉理事和湖南支部长,后来以军人不隶党籍而退党。当帝制愈闹愈凶时,梁启超在暗中积极策动蔡锷倒袁,承担起护国的历史重责,蔡锷亦慨然肩任,当仁不让。

时序深秋,百花凋谢,芳菲全歇。中华大地,笼罩着大动荡前的低气压。师徒二人在津门相约:

> 事之不济,吾侪死之,决不亡命!若其济也,吾侪引退,决不在朝!

一股"击楫凄凉千古意",油然而生。

蔡锷根据和梁启超商定的计划,以赴日养病为名潜逃出都,辗转东京、河内,抵达昆明,领导云南军队揭竿而起。蔡锷自任护国军第一军总司令,拉开了"讨袁护国战争"的序幕。

蔡锷离京后,梁启超也逃往上海,在静安寺暂住。康有为也在上海策划反袁。虽然同是反袁,但两人的出发点并不相同。康有为是站在前清遗民的立场去反袁,为清室报仇;而梁启超是站在捍卫共和的立场去反袁。

梁启超到上海后,既不通知康有为,也不愿意去与他见面。梁启超在给女儿的信中说:

> 最纠葛者,南佛(康有为)闻我至(吾未往见,适因昨日下午彼召静生往,不得不告之),昨日半日中三次遣人来强迫我迁往彼处(夜十一时尚遣来下严厉之训令),吾为此几与决裂,可恼亦可叹也。

康有为和梁启超的观点、立场、性格,格格不入,决裂是意料中事,只是来早与来迟。

梁启超准备南下两广,策动反袁,与云南遥相呼应。轰动一时的《云贵檄告全国文》,便是梁启超的倚马之作,文中提出护国军四点政治纲领:

> 一、与全国民勠力拥护共和国体,使帝制永不发生;二、划定中央、地方权限,图各省民力之自由发展;三、建设名实相符之立宪政治,以适应世界大势;四、以诚意巩固邦交,增进国际团体上之资格。

梁启超为护国军筹措财政,指导方略,制造舆论,推动各方响应。1916年3月,他坐一艘日本轮船,浮海南下,为了躲避官厅的搜捕,终日蜷缩在舱底,不敢露面。从香港转搭另一条日本的运煤船,经越南进入广西。一路上受着疾病的折磨,忍饥挨饿,风餐露宿,历尽千辛万苦。

广西都督陆荣廷知道梁启超大驾将至,于3月15日发出了由梁启超代拟的广西独立通电,又将柳州的行营改称广西都督府兼两广护国军总司令部,任命梁启超为总参谋。

清明前,南方又到了细雨着物润如酥的时节,梁启超在一片彩旗飞舞、军乐嘹亮、爆竹声中,抵达广西南宁,全局形势,为之一变。其后,贵州、广东、陕西、四川、湖南等地,相继宣布独立,不数月间,四方瓦解,中枢动摇。

广州当时风云百变,为推动反袁,梁启超亲赴广州期间,其父不幸去世,但人们怕影响他的情绪,秘不报丧,直到两广局面大定,梁启超返回上海之后,才得知这一噩耗。

1916年3月22日,袁世凯被迫取消帝制。在做了83天皇帝梦之后,这个曾经威灵赫赫、雷霆万钧的北洋领袖,糊里糊涂,还没搞清楚自己到底被谁家卖了,便在6月6日一命呜呼。

反对复辟功不可没

梁启超拒绝了黎元洪任命其为总统府秘书长的邀请,又正式向报界发表谈话,宣布脱离政治。不过,世人因为梁启超屡次有过类似宣言,并不认为他从此真的退出政坛,一般来说政

坛热闹的时候,总是离不开梁启超,更何况一个长期为宪政理想奔走的政治活动家。要想真的弃政从教又谈何容易!

不久,梁启超便以在野政治家的身份,再一次卷入了重建国会、修改宪法的政潮之中。

1916年8月1日,国会在北京重新开会,段祺瑞为新内阁的国务总理,史家都曾再三指出梁启超从此开始拥段,其景况也类似当年拥袁。公平地说,梁启超确实拥段,想借段祺瑞的力量实现其最关心的修改宪法、确立政体之理想。

他在顽强地圆他的宪政之梦。制宪伊始,梁启超与汤化龙、林长民等人组成了"宪法研究会",国民党人张继、丁世铎、孙洪伊等人成立了"宪政商榷会"。从此两个派系开始争斗,集中在研究系主张省长由中央任命,商榷系则力主省长民选、地方自治。其他如国会设一院制还是两院制等,两派均互不相让,激烈吵闹。

真正的关键在于:商榷系想通过扩大国会权力,加强地方自治来限制北洋军阀的势头,从而为国民党求得生存与发展空间。而梁启超为首的研究系其战略恰恰背道而驰,即缩小国会权力,限制国民党发展,迎合段祺瑞的专制独裁。

舆论对护国之帅梁启超开始又有了微词,有人说:"即便一个伟人,只要卷入党派之争,就会立即显出'小'来。"

当国会中制宪的争论尚未了结,应否对德国宣战,又成了时局的中心和舆论的焦点。

在弱不禁风的半殖民地半封建的中国,任何一次政局矛盾的背后总能看见外国势力的牵制和影响。视国家利益为至高

第五章 | 回国之后

无上的世界强国,从来都把掠夺弱小国家、分割势力范围、寻找代理人作为外交的支点。

当日本表示中国如果对德宣战,日本将提供参战军费后,美国当即提出:在对德宣战问题上,中国政府在与美国协商之前,不要采取任何进一步的行动。美国非常清楚,日本鼓动段祺瑞对德宣战,是为了保住已经得手的德国在中国山东的全部权益,美国岂甘人后?

大国之间矛盾的态度,也直接影响到了中国政局的冲突。黎元洪不主张对德宣战,是因为担心段祺瑞趁机扩大权力;段祺瑞力主参战,为了加强北洋系中皖系的实力,并趁机扩充军队的装备及财源,以左右中国政局的走向。

1917年3月初,段祺瑞在国务会议上匆匆通过了对德绝交咨文,送请黎元洪盖印,被拒绝。段祺瑞当即宣布辞职,并离开北京到了天津。黎元洪担心造成事变,不得不妥协。3月10日、11日,国会参众两院通过对德绝交案。

段祺瑞以亲日为前提,企图扩大皖系军阀实力而主战。

段祺瑞是愈来愈像乃师袁世凯了。军阀就是军阀,他总是把刀枪和权力捆绑在一起,文人的悲哀却在于当军阀闲来无事偶然邀他饮酒赋诗之后,便以为诗文是可以征服一切的,及至见到枪管里伏着子弹、刀尖上冒着杀气,才又重新感叹,痛苦地失落,想起往事。

1917年4月,段祺瑞把各省督军召集到北京,然后是"公民请愿团"包围正在开会的国会,要求立即通过对德宣战案。倘不,"一个议员也别想出去"。

段祺瑞真的敢跟德国打仗？一切只是为了以宣战的名义向日本大举借款，然后更新装备扩充兵员，为武力夺取中国最高权力作准备。宪政与民主就这样被宰割被强暴，所有的抗争都面临着流血牺牲的命运。

为抗议"公民请愿团"包围国会，内阁中的商榷系官员纷纷辞职，国会决定"缓议"对德宣战案，并通过改组内阁决议。段祺瑞解散国会，黎元洪则以罢段祺瑞国务总理、陆军总长作为回答。段祺瑞通电煽动军方反对黎元洪，一时北京政府瘫痪，黎元洪无计可施之下想到了张勋。

1917年5月底，黎元洪电召张勋"进京调停国事"。张勋当即环顾左右："天赐良机也！"便率领4300名辫子军，号称1万，杀向北京。

张勋此举，断不是为黎元洪做什么调停，他是要到紫禁城把废帝溥仪请出来，再坐龙廷恢复大清年号。为使此次复辟做得有声有色，张勋电邀康有为火速进京共图大业。

6月8日至13日，张勋在天津威逼黎元洪解散国会。14日，张勋率部进入北京，北京的老百姓突然看见那么多的辫子军而惊骇莫名，紫禁城里的"小朝廷"却是欢欣鼓舞，认为复辟之日终于到了。

6月15日，张勋着前清朝服，以跪拜大礼在养心殿谒见溥仪，奏称"国本动摇，人心思旧"，溥仪表示择日恢复宣统年号，"临朝听政，收回大权，与民更始"。复辟序幕拉开之后，王公贵族、遗老遗少纷至沓来，一时云集京城。

这时候，康有为乔装成一个老农民，正在北上途中。6月

第五章 | 回国之后

27日,康有为抵京,张勋手舞足蹈。如此之后,复辟的步骤抓紧推行,康有为轻车熟路地密定计划,通电各省,封官授爵,等等一应上谕激昂慷慨,写来如行云流水一般。

1917年7月1日,张勋、康有为及清室亲贵遗老遗少把溥仪拥上皇位,宣布恢复大清国,张勋拥戴有功,封为内阁议政大臣,康有为被任命为弼德院副院长。紫禁城头,龙旗飘扬,一个死去的王朝真的还魂了吗?

短暂的震惊之后,中国人民义无反顾地选择了反对复辟。

反对张勋复辟,梁启超再一次成为举足轻重的人物。7月2日,梁启超和段祺瑞一起,从天津赶往河北马厂,召开了紧急军事会议。7月3日,梁启超代段祺瑞起草的讨伐张勋通电发往全国。7月5日,段祺瑞在马厂誓师并挥师直上北京,梁启超为讨逆军总司令部参赞,是段祺瑞首席幕僚。

其间,梁启超又以个人名义发表《反对复辟电》,愤慨之情溢于言表:

> 昊天不吊,国生虺孽,复辟逆谋,竟实现于光天化日之下,夫以民国之官吏臣民,而公然叛国顺逆,所在无俟鞠讯。但今既逆焰熏天,簧鼓牢笼恫吓之术,无所不用其极,妖氛所播,群听或淆,启超不取自荒言责,谨就其利害成败之数为我国民痛陈之。

勇敢地承担起再次护国重任的梁启超,以他对外交、财政的分析,断言:

> 就外交论就财政论就军事论,此滑稽政府皆绝无可以苟延性命之理。虽举国人士噤若寒蝉,南北群帅袖手壁上,而彼之稔恶自毙,吾敢决其不逾两月。

梁启超认为宣统复辟不过两个月,但这不等于说当时的形势是不险恶的,复辟已经出现,观望者不少,尤其是掌兵的"南北群帅"。民国以来的种种弊端,又很容易成为被攻击的理由。梁启超认为,政治不良,不容讳言,但复辟倒退是绝对不行的,并且把批判的矛头直指其师康有为:

> 此次首造逆谋之人,非贪黩无厌之武夫,即大言不惭之书生,于政局甘苦毫无所知。

这两句话是梁启超最难落笔的,他为恩师可惜。梁启超和康有为的疏远,由此达到冰点。

1917年7月12日,张勋的辫子军不敌段祺瑞之后,段祺瑞所部分三路攻入北京,甚嚣尘上的复辟势力顿时土崩瓦解,张勋逃入荷兰使馆,康有为则在4天前先已逃进美国使馆,后又化装逃出北京。

康有为一路逃跑,心里最为怨恨的是梁启超,在他看来,自武昌起义之后,这个才情洋溢又不好驾驭的弟子越走越远了。

梁启超康有为"决裂",简言之,康有为要千方百计复辟,而梁启超则坚决批判倒退、反对复古,竭尽全力想在中国建设一个平和的、有秩序的资产阶级民主政体。

第五章 | 回国之后

重回内阁执掌财政

张勋复辟失败,民国得以保存,梁启超又一次功不可没。陈寅恪先生送梁启超一联云:

旧时龙髯六品臣,新跻马厂元勋列。

张勋复辟失败,黎元洪引狼入室被迫下台,副总统冯国璋就任代理大总统。1917年7月14日,段祺瑞进京,重任国务总理,梁启超是随同段祺瑞一起回来的。段祺瑞新内阁当然要借重梁启超及研究系,国民党则被完全排斥。

内阁9部大员为:

内务:汤化龙;

财政:梁启超;

司法:林长民;

外交:汪大燮;

农商:张国淦;

教育:范源濂;

交通:曹汝霖;

海军:刘冠雄;

陆军:段祺瑞。

9名阁员,研究系占6席,达到了研究系从政参政的鼎盛时期,梁启超也坐上了向往已久的财政总长的显赫位置。

梁启超总掌财政,与其说是官位的诱惑,还不如说源于他对财政大业的浓厚兴趣。自流亡海外以后,梁启超便倾心尽力研究金融,多有著述,尤其可贵的是他对中国封建的财政制度改革有一整套切实可行的方案,这使他在当时中国既堪称一流思想家,又居于中国近代财政学开创者地位。衮衮诸公之中,唯梁启超一人而已。

雄心勃勃的梁启超接到任职令后第三天,即1917年7月19日致电冯国璋,宣布就职。

梁启超入阁,明眼人一看便知这是"险着",凭梁启超护国及再造共和的功勋,倘能退居书斋,专心著述,实在是保全自己的万全之策,又何必应付于官场而呕心沥血呢?

7月30日,梁启超在研究系的一次会议上说,他自己及研究系同仁的入阁,是为了"树政党政治模范,实现吾辈政策,故为国家计,为团体计,不得不牺牲个人,冒险奋斗,允宜引他党于轨道,不可摧残演变成一党专制恶果"。

梁启超是一个孜孜不倦的追求者,他喜欢参与,历尽周折却九死而无悔。这一切的最大推动力,首先是他根深蒂固的爱国主义,其次则是建立资本主义宪政的理想。

总掌财政之后,梁启超的头脑中只有8个字:

改革币制,整顿金融。

第五章 | 回国之后

这一大计方针如能贯彻实行,那么国家的财政情况、日益凋敝的民生便可得到舒缓。

梁启超面对的是一堆烂账,一个债台高筑的烂摊子。北洋政府的财政部历来就是北洋军阀的金库,想怎么报销就怎么报销,想怎么贪就怎么贪。

梁启超不是不知道这一切,便首先让王克敏作他的次长。此公善于交际,与外国各大银行熟识,且是北洋军阀几个显要的座上客,由他去周旋,梁启超的负担可以减轻不少。

政府、国会乃至普通老百姓都寄厚望于梁启超,而梁启超除了确实懂得财政,想为战乱之后经济濒于崩溃的中国作一番贡献之外,他的运气也是不错的。

1917年8月14日,段祺瑞政府公告世界对德、奥宣战,成为协约国之一员。协约国一致决议:将中国每年偿付的庚子赔款暂缓5年。也就是说,在5年中间,中国可以每年减少1300万银圆的支出,也就等于每年增加了1300万银圆的收入。

熊希龄建议梁启超,以缓付的庚子赔款发行5000万银圆公债,为改革币制打下基础。更使梁启超喜出望外的是,他在日本时结识的好友犬养毅已出任日本国外相,当即修书一封要犬养毅"考量"善后借款,并极言币制改革对于中日两国都有好处。8月28日,第一笔1000万日元借款签约,两个月后又借得450万日元。

有了这几笔钱作底子后,梁启超亲自拟定了《整理中、交两行钞票暂行法》,规定政府发行3000万银圆公债,以还中国银行和交通银行的"旧欠"陈债,并要求以后这两个银行不得滥印钞

票,"所发钞票皆须十足现金准备"。

梁启超知道中国极为混乱、脆弱的金融现状,仅仅靠中央财政部门的宏观控制还是得不到磐石之安的,因而他又制定了《整理币制办法大纲》,分两步走,以结束混乱及货币贬值的态势:

  第一步,先以银为本位,统一硬通货;铸造新的主币与辅币,统一种类、重量、成色;同时严定主辅币交换规则,整顿造币厂。

  第二步,统一纸币。梁启超建立了近代中国金融史上第一个币制委员会,以加强监控,还设立了战时财政金融审议会。为使财政部的官员换换脑筋多一点儿现代气息,梁启超还派出了7人财务行政视察团赴日考察学习。

梁启超的种种改革措施,是切合实际而且触及了中国财政金融根本弊端的。梁启超在财政总长任上,比任何时候都忙,漏夜不眠,事必躬亲,他对夫人说:"较写文章累,较流亡逃命累,甚至比在广西护国反袁也累!"

1917年9月至1918年6月,国家财政总收入为7000余万银圆,支出高达9300万银圆,财政赤字2300万银圆。这2300万银圆从何来?怎样才能达到收支平衡?梁启超束手无策之际,段祺瑞的讨逆军总司令部又送来讨逆军费清单185万银圆,段祺瑞白纸黑字写着"请即予报销",梁启超敢不报销吗?然后是各种账单涌来,如果全部给予报销,财政赤字将高达6000

万银圆!梁启超只得将账本带到国务会议上,以吐苦经并求对策。

就在这一次的国务会议上,段祺瑞根本不顾财政艰难,强令财政部再提600万银圆,供陆军部随时支用。

梁启超说:"我已经无事可做了。"

总是想做一番事业,总是做不成任何事情,这就是当时中国政坛的怪圈。

梁启超改革财政举步维艰,政治上的处境也在不断恶化。段祺瑞的军阀本色,在是否恢复国会的问题上暴露无遗时,梁启超却站到了段祺瑞一边,一时成为众矢之的。

辛亥革命的胜利和中华民国的建立,国会是一个多难而仍不失其进步意义的象征,在国会里毕竟开始了政党政治,毕竟抵制过袁世凯、段祺瑞,毕竟有过宋教仁这样的为宪政流血的政治家。

段祺瑞重掌权柄之后,始终想踢开碍手碍脚的国会,而不予恢复,便托词先召集"临时参议院"。梁启超可以说是当时中国不可多得的宪政大师,自然知道国会意义之所在,他对旧国会恢复的担心是相对于建立一个更加完善的新国会而言的,却被段祺瑞利用,成为违背《约法》解散国会的理论依据。再从当时梁启超身为内阁重要阁员处处对段祺瑞让步观之,也是难辞其咎了。

1917年7月24日,国务院通电各省,就召集临时参议院一事征求意见,各方强烈反对。第二天梁启超对记者发表谈话,为段祺瑞说法。

梁启超已经处在进退维谷中了。

直言者如姚雨平,指梁启超以召集临时参议院取代国会是"徇一部分之利益与感情,置国家根本法于不顾"。姚雨平进而问梁启超:"前筹安会发生时,执事曾以贤者不得逾法律而为善,责问杨皙子(杨度),今如报载,执事意在改良约法与国会组织法、议员选举法种种,故有此举,岂今日贤者可逾法律而为善乎?"

曾琦执弟子礼致函梁启超,认为梁启超爱国之心人所共知,袁世凯、段祺瑞这样的独夫军阀可以一时"暂合而共谋",却不可能"久处而无间",劝梁启超急流勇退。

梁启超痛定思痛,只能引退了,他在给代总统冯国璋的辞呈中说,"此次入阁,竭智殚诚,以谋整理,不幸事与愿违",只能"负疚引退"。

梁启超坚辞,冯国璋坚留,只好暂时维持。这时国内政局因为北洋直皖两系的冲突公开化,而更加艰难。

孙中山及国民党人举起了"护法"的旗帜,前海军总长程璧光脱离北京政府,率第一舰队南下广州投奔孙中山参与护法。孙中山召开"非常国会",组织军政府,"为戡定叛乱,恢复《临时约法》",孙中山任大元帅,举兵北伐,宣判段祺瑞为民国叛逆。

南北重新对敌,又是金戈铁马,中国人民什么时候才能休养生息?

段祺瑞自恃北洋军能征善战,决心以武力征服南方,发动第二次南北战争。为此,扩编军队,增购军械,陆军部辖下的部队已从袁世凯时代的13个师32个混成旅,增至17个师43个混成旅,总兵力为43万人。段祺瑞所取的战略是师出湖南以制两广,兵临四川而镇黔滇,然后双拳出击,置孙中山的护法军政府于死地。

在冯国璋的逼迫下,无法收拾局面的段祺瑞辞职,梁启超"连带引辞"。这一届段内阁也只维持了4个月,梁启超却觉得跋涉太久,精疲力尽了。

第六章 晚年贡献

第六章 | 晚年贡献

伦敦之行大有作为

1917年底,梁启超辞去了财政总长,感到如释重负。他回到自己的书斋,品一口乌龙茶,再点燃一支纸烟,环顾室中四壁装满书籍的书橱,心中掠过一阵阵很少有过的轻快。

回国五年来,难得有这样自己可以自由支配的时间,梁启超又捡起自己素来钟情的学术撰述,一头扎进对碑刻的研究,两三个月下来,一批金石跋、书跋草就。

刚入夏,梁启超便开始着手撰写《中国通史》。梁启超对文学情有独钟,早在1902年,他便在新创办的《新民丛报》上写道:

> 世学者,学问之最博大而最切要者也,国民之明镜也,爱国心之源泉也。

梁启超认为中国旧文学,至少存在诸多问题,因而其鼓吹"文学革命"。用新的观点写一部《中国通史》,这是梁启超的夙愿。

梁启超主张,当今史家应重在叙述民族与民众创造物质财富和精神财富的进化之情状;应揭示人类在进化过程中相交涉、相竞争、相团结的"公理公例",最终达到教育团结国民,激发民众爱国心,推动社会进步之目的。

为铸造一面社会进步的明镜,为掘通一处爱国主义的源

泉,梁启超废寝忘食、夜以继日地写作,写成战国前各卷的十多万言。

梁启超修史,是为了中国的现在和将来。在写作中,他又何曾忘记世界格局的走向以及这种走向对中国的影响。梁启超已经去过美洲,现在,他比任何时候都想去欧洲看看,寄希望通过对近代西方文明的发源地进行实地考察,或许能真正寻求到疗救国家的良方。

此时,第一次世界大战已经结束,巴黎和会即将召开,各国都组成阵容强大的外交使团准备大干一场,图谋在战后的"和平"会议中攫取更多的利益。

而中国仅派出了一个由五人组成的代表团。这种形势促成了梁启超的欧洲之行,同时又让梁启超感到这次迈出国门,使命格外沉重。

大总统徐世昌希望梁启超此行能利用自己的声望通过民间外交为国家效力,以弥补中国正式代表团人数少、力量薄弱的遗憾。国内舆论也对梁启超寄予厚望,盼他"化私为公",在外交场合捍卫国家权利。梁启超以为责无旁贷,欣然应允。

为表示诚意,北京政府特拨6万银圆给予资助,朋友故旧又筹资4万银圆为之壮行。经费是勉供敷用了,梁启超又挑选蒋百里、丁文江、张君劢、徐新六、刘崇杰等人同行,他们都是学有专长的专家。

梁启超称此次出游之目的:第一件是想自己求一点学问,而且看看这空前绝后的历史剧怎样收场,拓一拓眼界;第二件也因为正在做正义人道的外交梦,以为这次和会真是要把全世

第六章 晚年贡献

界不合理的国际关系根本改造,立个永久和平的基础,想拿私人资格将我们的冤苦向世界舆论申诉申诉,也算尽一二分国民责任。

1918年12月28日早晨,梁启超一行在上海登上日本邮船会社的"横滨丸号",准备取道印度洋、地中海,向欧洲进发。

在海上,梁启超一行看日出,观夜空,在船舶停靠沿岸码头时,如时间允许便上岸观光。上午在甲板上各自学外语,并相互当教习,午餐后,或学另一门外语,或下几盘棋,傍晚时打打球,晚饭后则围在一起谈诗论文,或各自读书、撰文。海上航行的日子过得愉快而充实。

经过45天的航行之后,只见泰晤士河两岸郁郁葱葱,岸边的各式建筑隐约可辨,船就要停泊伦敦了,这是梁启超一行抵达欧洲的第一站。

作为世界名城的伦敦,是梁启超心仪已久的。然而,梁启超一行上岸以后,所见都是战后的惨淡凄凉。住在上等的旅馆里,每顿饭却不能吃饱,煤和电极缺,室外寒冷,屋内亦苦寒。糖与火柴都成了稀世珍宝,梁启超一行都有烟癖,"没有钻燧取火的本领",只得不吸。

一日,他们在旅馆客房饮茶,见隔座有一贵妇人,"从项圈下珍珍重重取出一个金盒子来",从里面取出的是一小方块白糖。这妇人将糖劈了一半放进自己的茶杯里,另一半"仍旧珍珍重重交给她的项圈"。

这是梁启超一行踏上欧洲的第一课,他们相对愕然。梁启超记下了这一幕,并写道:

世人总以为只要有钱何求不得？到今日也知道钱的功用是有限度了。

……

在物质的组织之下，全社会像个大机器，一个轮子出了毛病，全副机器停摆，那苦痛真说不尽。只怕从今以后，崇拜物质文明的观念，总有些变动罢。

伦敦是有名的雾都。对于伦敦的雾重，梁启超乍去便深有体验。一行人走在街上，非得小心翼翼，因为所见一切都是影影绰绰，恍恍惚惚。看见天上一团雾十分光亮，"几个人费了一番彻底的研究"，才判定出它是日还是月。到了晚上，远远看见一团朦胧的红气，有人说是钟楼，梁启超猜是街灯，其实是月亮。

在伦敦，梁启超一行最想拜访的，要算是赫赫有名的威斯敏斯特教堂。这座双塔高耸的长方形古建筑坐落在泰晤士河畔，它庄严朴茂，站在它的面前，你不得不肃然起敬。

威斯敏斯特教堂始建于11世纪，13世纪末亨利三世加以改建。由于在近千年的时间中历代都有所增修，使其冶历代款式于一炉，成为千年来建筑艺术的博览会。

梁启超徘徊在教堂前，他还注意到，其最重要的那部分建筑物建于1376年，而落成则在1528年，"约经一世纪半的长久日子"。他的心里不免为之震动。

明知一生一世不能完成的事业，却要立个理想的基础传给别人，既不打算见到成功之日，更没想到自己要享用一番。后来的人具有像前辈同样的魄力和品格，把事业继承下去，经过几代人的努力,锲而不舍,终成大业。

梁启超对同行者说:"欧洲文明从何而来?就是靠这一点;人类社会所以能够进化,也只靠这一点。"众人点头,无不称是。

巴黎和会的激昂演讲

在伦敦停留了一周,梁启超一行赶紧前往巴黎,因为巴黎和会正在召开,梁启超负有特殊的外交使命。他抵达巴黎后,立即会见美国总统威尔逊以及英、法等国的代表,争取他们支持中国收回德国在山东的权益。梁启超本来对中国外交抱有希望,然而他一到巴黎,即刻感受到中国代表团处于非常不利的境地。

段祺瑞这个卖国贼于1917年11月被迫辞去国务总理后,经过阴谋活动于1918年3月又复任国务总理。他怀着以武力征服中国南方的梦想,于1918年9月与日本签订密约,借款2000万银圆,以牺牲山东权益作为交换条件。据密约规定,日本有权在山东修筑铁路,有权在青岛、济南驻军,等等。

由于北洋军阀内部直皖两系之间的矛盾,段祺瑞在1918年10月再次辞去国务总理,他虽然退居幕后,但实际上操纵着北京政府。而段祺瑞与日本的这一密约则成为日本在和会上蛮横要求将德国在山东的特权无条件转让给日本,强占中国山东的借口,使中国在和会上以战胜国的身份要求收回山东主权的外交活动陷入被动。

1919年，梁启超与参加巴黎和会的中国代表团合影。

梁启超对北洋政府数月前与日本的所谓密约，一直是蒙在鼓里的，当他得悉由于中日密约导致和会期间的中国外交受阻，大为震惊与震怒，立刻致电国内外交事务委员会，揭露北洋政府出卖主权的丑行，力主维护国家的正当权益。电文说：

> 交还青岛，中日对德同此要求，而孰为主体，实为目下竞争之点。查自日本据胶济铁路，数年以来，中国纯取抗议方针，以不承认日本承继德国权利为限。本去年九月间，德国军垂败，政府究用何意，乃于此时对日换文订约以自缚，此种秘约，有背威尔逊十四条宗旨，可望取消，尚乞政府勿再投人口实。不然千载一时良会，不啻为一二订约之

人所败坏,实堪惋惜。

梁启超的电文在国内载诸报端,舆论哗然,民气沸腾。张容、熊希龄、范源濂、林长民等人发起成立国民外交协会,支持和声援中国代表在巴黎和会上的外交活动,并对北洋政府施加压力。

该协会推举梁启超为理事,立即致电梁启超,赞扬他在巴黎和会的活动,"鼓吹舆论,扶助实多,凡我国人,同深倾慕"。并委托他为协会代表,希望他在巴黎鼎力主持向和会请愿,竭尽所能,争回山东主权。

1919年4月22日,和会上美、英、法、意四国外长讨论山东问题,美国国务卿提议,将德国原在中国山东的权益移交给协约国。日本政府闻讯,即刻作出反应,以退出和会、"拒签国际联盟章程"、不参加国际联盟相威胁。

美、英、法三国出于利用日军在远东反对苏维埃的战略考虑,对日本作出让步,于1919年4月30日,公然不顾中国为战胜国的地位,无视中国主权,议定巴黎和约有关条款,同意将德国在山东的所有权益"移交日本"。

梁启超怒不可遏,当即起草电文,将实情通告国民外交协会,建议举国发起反对签字运动,坚决抵制卖国条款。

在巴黎,梁启超则利用各种机会进行宣传鼓动,以争取国际舆论的同情和支持。东道主法国先后宴请各国政要和新闻界人士,作为中国文化名人的梁启超是东道主第四次宴请的主客。

席间,梁启超就巴黎和会的《凡尔赛和约》中强加给中国的不平等条款发表讲话,他慷慨激昂,义正词严地说:

> 若有别一国要承袭德人在山东侵略主义的遗产,就为世界第二次大战之媒,这个便是和平公敌!

梁启超演讲完毕,台下掌声轰动。

然而,时隔三个月,中国首席代表陆征祥电请北京政府同意在和约上签字,而北京政府竟然发出了同意签字的密电。

接到梁启超电文后的林长民,立即撰写了新闻稿《山东亡矣》,刊登在5月2日的北京《晨报》上。林长民在文中如实介绍了和会的情况,并惊呼"国亡无日",号召"愿合四万万民众誓死图之!"

与此同时,北京政府发往巴黎同意签字的密电亦经泄露,京、津、沪等地各大报纸相继披露巴黎和会中国外交"业已失败"的消息。顿时举国愤怒,北京各大学学生率先走上街头,轰轰烈烈的五四运动爆发了。

北京、上海、山东乃至全国,学生罢课,工人罢工,商人罢市,誓死救亡的爱国浪潮迅速席卷神州大地。在巴黎的中国代表收到国内人民、海外侨胞和留学生的7000多份强烈要求拒绝签字的电报,国民外交协会致电陆征祥警告说:"公果敢签者,请公不必生还!"

然而,卖国的北京政府不顾亿万人民的共同呼声,仍然令陆征祥签字。梁启超得悉此讯,及时将北京政府的无耻行径通报给在巴黎的中国留学生。

1919年6月28日,这是预定的和约签字时间,留法学生会同留法的中国劳工,数万人举行集会,将中国代表团的驻地团团包围,口号震天,并放言:谁敢出门去签字,就叫他见阎王爷。

中国代表团被迫拒绝签约,并对巴黎报界发表声明说,为正义,为国家利益,中国代表团只能拒签和约,以待世界舆论之裁决。

正是这个所谓的巴黎和会,在中国代表团缺席的情况下,强行签订了《凡尔赛和约》中关于将德国在战前享有的山东特权全部转让给日本的若干条款。不仅如此,《凡尔赛和约》使300万平方公里的土地、拥有300万人民的殖民地和战败国领土,供列强瓜分、宰割,形成一个新的强权世界格局。

中国人要求收回山东主权,改变不合理国际关系的愿望终成泡影,满怀"正义人道梦"的梁启超亲历了人类这一重要时刻,其心情格外沉重。

维护国家主权,梁启超矢志不渝。他们一行于1920年3月5日返国抵达上海,梁启超一下船,就对报界发表谈话,驳斥国内流行的就山东问题与日本直接交涉的主张,要求政府抵制日本企图拿《凡尔赛和约》中不合理条款迫使北洋政府承认其在山东权利的无耻行径。

在上海稍事停留后,梁启超北上至京,又专门致书总统徐世昌,请释五四运动中被捕学生领袖:

  学生运动过去之陈迹,启超越在海外,靡悉其详。要其出于爱国之愚诚,实天下所共见。至其举措,容或过当,此自血气方刚之少年所不免。政府若诚以父师自居,而爱之如子弟,则充其量不过收二物之威,断无取绳以三尺之法。……

  爱国是无罪的,只有腐败无能的政府,断没有腐败无能的青年学子,梁启超情系爱国学子,拳拳之心由此可见。

寻找救国的不二法门

  1920年3月,梁启超从欧洲回国后,信守离开政坛和官场的诺言,潜心于著书、讲学、文化交流,虽然对"政治兴味"未尝稍减。也就是说,在人生所剩不多的岁月里,梁启超仍然是一个非常关心政治、关心社会、关心国家命运的人,但所取的方法却是他的最长处——坐而论道或命笔为文,以其著名学者和天才著作家的身份发出声音。

  梁启超敏锐地感到,出国一年,中国更加动荡了。为列强操纵的军阀相互打得死去活来,一片混战声。另一方面,俄国十月革命的影响已经从寒冷的北方,踏过冰河雪原,带着丝丝清新的冷气,渗入了中国大地。

  1919年的五四运动,则是从危机与机遇的裂缝中迸发出来的呼声,从此新文化浪潮更加势不可挡,各派政治力量组织团体,创办报刊,提出了疗救中国的各种药方。

梁启超是不甘寂寞的,他的通过社会改革最终建立中国资产阶级民主政治的理想,没有一天动摇过,更不用说放弃了。从这个意义上说,他仍然反对"过激"的革命,而主张"舍生产事业发达外,其道无由",即发展经济。梁启超还认为中国不能跨过资本主义这一阶段而谈别的主义,否则后患无穷。

1920年的中国,混乱与活跃几乎分不出界限,各种政团、各种主张充斥社会,但最能吸引人的,尤其是年轻人的,却是马克思主义思潮、社会主义学说了。

梁启超知道,1919年"五四"以后,想继续由自己来执中国舆论界之牛耳,已经不可能了。这自然是无奈的,却又是不可阻挡的。梁启超叹道:"我们老了!"

但梁启超还是勉力为之,接掌《解放与改造》后,自1920年9月起更名为《改造》,梁启超主编,在发刊词中梁启超的办刊主张大致如下:

> 政治上谋求国民在法律上的"最后之自决权"。国家"以地方为基础",缩小中央权限,实行地方自治。
>
> 经济上树立"生产事业不发达,国无以自存"的观念,发展资本主义。
>
> 思想文化则致力于反对大一统主义,吸收"对于世界有力之学说",融合中西。
>
> 废兵,即废除常备的国防军,兵民合一。实行强迫普及教育,并视之为民治之根本。

不妨把上述的主张看作是《新民说》的延伸或部分修正。但梁启超所取的是缓和的、渐进的，以发展生产和资本主义为主要途径，然后建立资产阶级民主体制的理想，仍然贯穿其中。

梁启超认为中国与欧美社会的不同，时间与空间的差异，是判断某种主义优劣利弊的基本前提。在欧美，最迫切的是改善劳动者的地位，而在中国"目前最迫切之问题在如何能使多数之人民得以变为劳动者"。

中国老百姓首先关心的是"有业无业"的问题，而不是"有产无产"，因为"全国人民十中八九，欲求一职业以维持生命，且不可得"。因而，梁启超认为中国的社会改革"当以多数人取得劳动者地位为第一义，地位取得，然后才有改善可言"。

梁启超进一步剖析道，从中国现有工人的数量而言，"区区百数十家工业矿业所收容工人多则千数，少则数个"，总数不过百余万人，而中国是一个有4亿人口的泱泱大国。

梁启超的意思很清楚，在他看来，社会发展的程序以及中国贫困落后的现实，都使之不能不大声疾呼：发展实业的阶段是"社会主义运动不可逾越之阶段"。

梁启超坚持改良主义更适合中国国情，开宗明义地反对共产党的阶级斗争学说，认为中国社会的基本矛盾是"无枪阶级"与"有枪阶级"即广大人民群众与军阀之间的矛盾。

梁启超内心里更担忧或者说惧怕的是，一旦革命风潮席卷，图谋改变困境的"无枪阶级"从"有枪阶级"那里夺枪，再自造各种的土枪，于是，内战和内乱将不可避免地更加扩大，人民只能在水深火热中残喘。

是的,梁启超确实惧怕杀人、流血。

没有了昔日光芒四射、应者云集之盛的梁启超,是更加具体、更加平静、也更加真实的晚年的梁启超。从戊戌变法到20世纪20年代,近30年间,他始终走在时代的前列,笔下风云,唤起了多少仁人志士。尽管他追求的资产阶级改良主义的政治理想屡屡受挫,但作为一个爱国者的思想与风范,却堪称一时师表。

辛亥革命而后反对帝制复辟再造共和的业绩,足可以称之为丰功伟绩。20年代以后,晚年的梁启超,又将展现什么样的风貌?

梁启超仍然在寻找着救国的不二法门。

他发现自己开始喜欢回想了,也许还不是喜欢不喜欢的问题,而是不由自主地回想,自己、同时代人、这个苦难的国家与民族走过的路。

回想的时候,往往要少一些激情,回想能出真知灼见。梁启超说:

> 从前有两派爱国人士,各走了一条错路。甲派想靠国中固有的势力,在较有秩序的现状之下,渐行改革。谁想这主意完全错了,结局不过被人利用,何尝看见什么改革来。乙派要打破固有的势力,拿什么来打呢?却是拿和他同性质的势力……谁想这主意也完全错了,说是打军阀,打军阀的还不是个军阀吗……你看这几年军阀官僚的魔力,不是多谢这两派直接间接或推或挽来造成的吗?

毫无疑问,在这一番回顾以往的叙述中,梁启超就是甲,而其时的国民党便是乙。看似平淡的叙述,却充满了反思。

梁启超几次从政,对袁世凯、段祺瑞都曾抱有极大的幻想,最终文人的笔扭不过军阀的枪和刀,"结局不过被人利用"。让军阀打军阀,梁启超指的大概是孙中山想利用西南军阀攻打北洋军阀,说的也是事实。

梁启超继续写道:

> 两派本心都是爱国,爱国何故发生祸国的结果呢?原来两派有个共同谬见,都是受了旧社会思想的锢蔽,像杜工部诗说的"二三豪俊为时出,整顿乾坤济时了"。哪里知道民主主义的国家,彻头彻尾都是靠大多数国民,不是靠几个豪杰。从前的立宪党,是立他自己的宪,干国民什么事?革命党也是革他自己的命,又干国民什么事?……这是和民主主义运动的原则根本背驰,20年来种种失败,都是为此。今日若是大家承认这个错处,便着实忏悔一番……从国民全体上下功夫,不从一部分可以供我利用的下工夫,才是真爱国,才是救国的不二法门。

梁启超真想同两派人士一起,"着实忏悔一番",从立宪到国会到拥袁反袁,从南北分裂到巴黎和会到梁启超奔走运动的"联省自治",总是两派在斗,斗出了两败俱伤的结果,落个"书痴"的下场,而广大国民却日益感到失望和冷漠。

梁启超由自己在政治上的失败,看到了中国精英政治的无望,仅仅"二三豪俊为时出",是不可能更新天地整顿乾坤的。要"使多数人懂得政治是怎么一回事,懂得什么叫政治问题",梁启超还认为,"一个个政治问题的运动,虽有成败之可言,从政治教育的意味来看,无成败可言。"梁启超断言,没有国民的真正参与,就不会有真正的中华民国。

既要运动国民,就得有"国民运动",梁启超寄望于国民教育的"无可限量"的作用。从百日维新开始,梁启超一直把"运动"的重点放在最高统治者、当权派身上,直到《新民说》倡导提高国民素质、树立与新的世界相适应的思想意识和道德观念,这时的梁启超才成了资产阶级启蒙运动的开拓者。

"国民运动"的思想,是《新民说》的发展,梁启超实际上提出了对中国人民来说极为重要的问题,由人的近代化而走向国家近代化。

梁启超努力追求的,是要使国民在意识、心理和精神上摆脱掉封建桎梏,获得中国政治、经济赖以发展的先决条件。

不做校长做讲师

梁启超用了很大精力筹划办一所学校。他一直感叹人才的匮乏,所以,至少在欧洲考察期间就有了办学的打算。

张东荪几次写信,都提到"学校计划,尤望进行"。但苦于经费不能落实,办学一事不得不缓议,张君劢甚至建议,与其自办大学,不如到大学里去做教授,"只求灌输精神",不必负办学

的责任。

至于梁启超,"于编纂杂志之外,在北方学校中居一教习地位,亦计之得者也"。

没想到中国公学主动找上门来,这给了梁启超等人新的希望。

梁启超自欧洲回国,刚刚抵达上海,中国公学就把他请去做了一次演讲。

提起梁启超与中国公学的关系,可以追溯到这所学校创办之初,它的校董和历届校长,几乎都是立宪派或进步党一流人物。当时在任的王敬芳,同时兼任河南福中煤矿总经理,两头顾不上,颇费心力。

在他得知梁启超有办学的打算后,很想把校长一职让出来,请梁启超担任。他以为,凭借梁启超的大名,一定能使中国公学走出困境。

但是蒋百里却反对梁启超当校长,他在写给张东荪的信中说:

> 任公万不可当校长,难道当了总长后,别处不加一长字,就算辱没了他?任公惟做讲师,才把他的活泼的人格精神一发痛快地表现出来。

梁启超果然没有接受中国公学校长这个职位,而是如蒋百里所愿,真的就去做了一个"讲师"。

1921年秋天,他应天津南开大学之聘,到该校主讲《中国文化史》。当时,他有个很庞大的计划,想用三四年时间,"创造一新史",所用方法"悉以各学校之巡回讲演成之"。在南开讲了一学期,所得即不久由商务印书馆出版的《中国历史研究法》,并以"《中国文化史稿》第一编"为副题。

此外,在10月至12月期间,他还应京、津各学校之邀,做了多达7次的公开讲演。

第一次为双十节天津学界全体庆祝会请他讲了《辛亥革命之意义与十年双十节之乐观》;接下来,北京国立法政专门学校请他讲了《无枪阶级对有枪阶级》;依次还有为南开大学讲《市民与银行》,为天津青年会讲《太平洋会议中两种外论辟谬》,为北京朝阳大学经济研究会讲《续论市民与银行》,为北京高等师范学校平民教育社讲《外交软内政软》,为北京哲学社讲《"知不可为"与"为而不有"主义》。

到了1922年,各地、各学校、各团体请他讲演的更多了。从4月1日起,陆续讲演20余次,朋友们戏称为他的"讲演年",讲演集就编印了三册,共收入讲演26篇,还有些未经整理而遗留在外。

梁实秋有一篇文章专门记述了梁启超在清华学校讲演的情形。他与梁启超的大公子梁思成是同班同学,这次讲演就是他们以文学社名义促成的。讲演的题目是《中国韵文里头所表现的情感》,分三次讲完,讲稿后来收入《饮冰室合集》。

梁实秋晚年回忆起当时的情景,依然记得梁任公酣畅淋漓的神情意态:

先生的讲演，到紧张处，便成为表演。他真是手之舞之足之蹈之，有时掩面，有时顿足，有时狂笑，有时太息。听他讲到他最喜爱的《桃花扇》，讲到"高皇帝，在九天，不管……"那一段，他悲从中来，竟痛哭流涕而不能自已。他掏出手巾拭泪，听讲的人不知有几多也泪下沾襟了！

他特别指出："那时候的青年学子，对梁任公先生怀着无限的景仰，倒不是因为他是戊戌变法的主角，也不是因为他是云南起义的策划者，实在是因为他的学术文章对于青年确有启迪领导的作用。"而且，听他的讲演更胜过读他的文章，"先生在言谈讲演之中所带的情感不知要更强烈多少倍"！他还说，他对中国文学的兴趣就是被这一篇讲演所鼓动起来的。

这一年的春天，梁启超正在清华学校讲学，所讲内容便是去年在南开大学讲过的《中国历史研究法》。几乎同时，他还"承北京法政专门学校之招，讲先秦政治思想"，在这里讲了4次，大约讲了序论部分。

秋冬间，移席南京，为东南大学和法政专门学校的学生继续这个题目的讲演。这期间，他每周要讲16个课时，还有6个小时要听佛学大师欧阳竟无讲佛学，余下时间还要自编讲义，温习佛学功课，他甚至感叹："恨不得请上帝将每日扩充到四十八点耳。"

过度操劳使梁启超病倒了，医生说他心脏出了问题，张君劢禁止他继续讲演和著述。那天晚上他正在法政专门学校讲演，张君劢硬把他从讲台上拉下来，并写信通知各校，将他所有讲演都停一星期再说。

梁启超却不相信自己有病,他只承认酒醉后伤风,起因是前晚陈三立请他吃饭,开了50年陈酒相与痛饮,他们的交情也积攒了几十年,像这陈酒一样浓郁,不容他不大醉而归。

然而,第二天早晨六点半,他要坐洋车去听欧阳竟无讲佛学,路上稍感风寒,归来便有些不适。

不过,身体原因最终还是影响到梁启超在南京的讲学,《中国政治思想史》原拟讲序论、前论、本论、后论四个部分,到年底,勉强讲完前面三个部分,以汉代至今为内容的第四部分,只能暂告阙如。后来,他把讲稿加以整理出版,就用了《先秦政治思想史》这个书名。

在这部著作的"结论"一章,梁启超提出两个问题,要"与普天下人士共讨论焉":

第一个问题是,"精神生活与物质生活之调和问题",这个问题所要讨论的就是,"在现代科学昌明的物质状态之下,如何而能应用儒家之均安主义,使人人能在当时此地之环境中,得不丰不觳的物质生活,实现而普及。换言之,则如何而能使吾中国人免蹈百余年来欧美生计组织之覆辙,不至以物质生活问题之纠纷妨害精神生活之向上"。

第二个问题是,"个性与社会性之调和问题",如何才能使二者调和呢?他反对机械地把个人整齐划一,同冶一炉,同铸一型,结果使个性完全被社会性吞没。

梁启超认为，"各个人常出其活的心力，改造其所欲至之环境，然后生活于自己所造的环境之下"，是"宇宙进化之轨则"。同时他又进一步指出，现代社会的复杂性超过古代社会，社会组织对个人的约束也有其合理性，而探索一种不给个人意志、个人自由带来更多伤害的社会组织，则是我们对于这个国家乃至全人类的一大责任。

这两个问题的提出，突出表现了梁启超近些年来思考的层面和路径，前者是公平的问题，后者是自由的问题，如果这两个问题得不到妥善解决，即便物质财富极大地丰富了，也有可能出现分配的不合理，出现两极分化，出现窒息我们精神自由的对物质的占有欲，不仅我们摆脱不了"现代人生之黑暗痛苦"，国家还有可能陷入革命或战争的泥淖。但他相信，解决这些问题是有途径可寻的，"我国先圣实早予吾侪以暗示"。

孜孜不倦地问道学佛

梁启超在与好友谈及离开政坛初获学术成果时，还告诉老友已写或正写的几个题目，《佛典之翻译》《说华严经》《中国佛法兴衰沿革说略》以及先秦诸子的《老子哲学》《孔子》《老墨以后学派概观》《论孟子稿》等。

1921年，对先秦诸子情有独钟的梁启超写了《墨经校释》《复胡适之论墨经书》《墨子学案》《墨子讲义摘要》等。有关佛学的则有《翻译文字与佛典》《佛学之初输入》《读〈异部宗轮论述记〉》。

1922年，中国近代史学上影响深远、读史研史论史者必读的巨著《中国历史研究法》出版。梁启超的这部巨著，被称为"中国近代史学理论宝典"，是梁启超在南开大学主讲一年的《中国文化史稿》的结集。

梁启超总是陶醉于历史的长河中，这巨大有时是辽阔无垠，有时是细若山泉；有时是阳光灿烂，有时是阴影笼罩；有时若明月之清丽，有时若烛火之闪烁；有时美极，有时丑极。但，总而言之，它是无声的，作废墟状，却埋伏着温热的碎片，几个古泉上的古文，龟板和陶瓷的一角……

历史便这样活着。

梁启超在清华讲授《中国历史研究法补编》的同时，正撰述《五千年史势鸟瞰》作为《中国通史》的若干章节，这一宏伟的计划因天不假年而未能完成，但现存的《中国历史上民族之研究》《太古及三代载记》《春秋载记》《战国载记》等均是梁启超授课的讲稿，从中可以约略看出梁启超观察中国史的思路及唯梁启超才有的特色。

梁启超是从民族史开始切入中国史的，并扩大了史学研究领域，梁启超认为所谓"民族意识"即是"谓对他而自觉为我"，而这个"我"亦即是"中国人"的代名词。

《中国历史上民族之研究》一书，则是梁启超专为说明中华民族繁衍及一体化过程而写的。他总的观点是：

> 中华民族为一极复杂极巩固之民族；这个民族的形成

曾经付出了极大的代价；中华民族的将来绝不至衰落，而且有更扩大的可能性。

梁启超在1922年清华学校讲演的《地理及年代》，谈到环境与文化发展的关系时，有极为精当、重要的论述。梁启超说：

> 人类征服自然之力，本自有限界，且当文化愈低度时，则其力愈薄弱。故愈古代则地理规定历史之程度愈强。且其所规定者，不徒在物的方面而兼及心的方面，往往因地理影响形成民族特别性格。而此种性格，递代遗传，旋为历史上主要之原动力。

梁启超并且特别告诫：

> 故治史者，于地理之背景，终不能蔑视也。

1922年《申报》上，梁启超著《五十年中国进化概论》发表，同时代人中无不惊叹梁启超的笔下雄风依旧，对19世纪70年代到20世纪20年代这50年间的中国政治、经济和文化演变，作了十分精辟的叙述。时人论曰：

> 或可说梁任公登高一呼妙笔生花独领风骚的时代已经过去，然而在思想文化领域，梁任公的"史笔"落下，却仍有惊雷之响。盖其才气学识过人，且愈发平静、老到之

第六章 | 晚年贡献

故也！

1922年秋冬间,梁启超移席金陵为东南大学及法政学校讲演《先秦政治思想史》,"两月间,以余力从欧阳竟无先生学大乘法相宗之教理",又恰逢张君劢也在,同住一处,常常研讨佛学,日子倒也过得很快。

梁启超和张君劢对佛学都不陌生,近代中国的文化界研读和推崇佛学是一种风尚,从龚自珍、魏源到康有为、谭嗣同、夏穗卿、章太炎都对佛学有相当的研究,梁启超自不例外。此时,在南京,听欧阳竟无讲佛,与张君劢一起论佛,却是过去从未有过的宽余,梁启超感慨地说:"早该静下心来念佛了。"

梁启超信佛,有种种原因,其中受谭嗣同《仁学》的影响甚深,也为夏穗卿对佛理的精深研究所感染。诚如梁启超所言:

> 社会既屡更丧乱,厌世思想,不期而自发生。对于此恶浊世界,生种种烦懑悲哀,欲求一安心立命之所。稍有根器者,则必逃遁而入于佛。

这是就一般而言的。但是,梁启超所有涉猎的学问领域,几无一般可言,要而言之,他总是杰出的、独特的,在极强的学问欲的驱使下,他在一个时期内有兴趣的某一门类,总是由他广博的知识、深刻的发现再加上浓重的历史感交相编织,而成为研究这一领域的无可争议的权威发言人。

梁启超关于佛教的研究著作有《中国佛法兴衰沿革说略》

《佛教之初输入》《印度佛教概论》《佛陀时代及原始佛教教理纲要》《佛教与西域》《中国印度之交通》《佛教教理在中国之发展》《翻译文学与佛典》《佛典之翻译》等。

仅仅这些书目就可以看出梁启超对佛学的研究下过一番何等的功夫!

佛学为什么能在中国确立并且发展?梁启超是从思想文化及社会动乱两个方面去找动因的:

> 春秋战国时活跃而辉煌的思想、学术,在秦统一后焚书坑儒举步维艰;汉武帝独尊儒学罢黜百家,从此再没有争鸣;人云亦云,雕虫小技,纵横术数,充斥学界。这个时候佛学东来,再加上东汉之后社会动荡、民生凋敝,企图解脱,企盼保佑之心便敞开着,成了佛学在中国广泛传播的基础。

梁启超指出:

> 季汉之乱,民疾已甚,喘息未定,继以五胡。百年之中,九宇鼎沸,有史以来,人类惨遇,未有过于彼时者也。一般小民,汲汲顾形,旦不保夕,呼天呼父母,一无足怙恃。闻有佛如来能救苦难,谁不愿托以自庇?其稔恶之帝王将相,处此翻云覆雨之局,亦未尝不自怵祸害。佛徒悚以果报,自易动听,故信从亦渐众……故世愈乱而逃入者愈众,此士大夫奉佛之原因也。

这是说,乱世、末世、民不聊生、万念崩溃的时代,是佛教流行的最好时机。

梁启超把中国佛学史架构在两晋和隋唐两大时期,两晋是佛学输入中国,隋唐则是佛学的各个流派形成,佛学理论盛极一时,佛学中国化完成。

梁启超向后人展示的是这样一个奇迹:一种极为强大的外来的宗教,由天性保守的中国文化所接纳、磨合,最后落地生根、传播不息,成了外来之学中国化的唯一典范。

光说一个"佛"字,里面是几多辛苦几多血泪几多人物!

梁启超总是提醒后人,不要忘记所有的开天辟地、创造文化的先祖。

中国人知道除方块字以外还有别的文字,并开始翻译外文,都始于佛经。

梁启超详尽地查阅并考证了东汉至隋唐700年间佛典翻译的缘起、过程、特色与著名翻译家,并指出了若干不足。梁启超对于佛学的贡献,除了已经写到中国佛学史的种种外,实在离不开他撰写的关于佛典翻译的著作,他告诉我们的是中国佛典翻译史。

梁启超盛赞佛学,关乎佛学的一切方面,从史到译到流派到人物均有涉及,在这佛学研究的同样伟大的工程里,梁启超津津乐道的仍然是它不可估量的文化意义,中国太需要外来文化的冲击与补充了,而中国的地理环境却在雪山、荒漠、大海的阻隔之下,由是观之,中华民族历史上凿通者、取经者、译介者、传经者,无一不是文化意义上开创性的民族英雄。

佛典的输入及翻译,从根本上开阔了中国人的眼界,扩大了汉语词汇,增辟了想象空间,使汉语语法及文体也有所变化。佛典使中国有了自己的宗教,佛典影响了一大批文人、学者的思想和创作。

梁启超在论及佛教文化在隋唐之后,对中国传统文学的影响时说:

> 此等富于文学性的经典,复经译家宗匠以极优美之国语为之诠译,社会上人人嗜读,即不信解教理者,亦靡不心醉于其词汇。故想象力不期而增进,诠写法不期而革新,其影响力乃直接表见于一般文艺。
>
> 我国自《搜神记》以下一派之小说,不能谓与《大庄严经论》一类之书无因缘。而近代一二巨制《水浒》《红楼》之流,其结体用笔,受《华严》《涅槃》之影响者实甚多。即宋明以降,杂剧、传奇、弹词等长篇歌曲,亦间接汲《佛所行赞》等书之流焉。

佛典的得来不易,得来之后又格外为中国的文化人珍惜,除开佛典本身的价值外,还有求此典籍的千难万险。梁启超在《佛教与西域》《中国印度之交通》等文中,记述了"千五年前之中国留学生"的不畏艰险、卓越高尚。跋涉大漠流沙,攀葱岭,过世界屋脊,帕米尔东边奇寒奇冷的雪山,倒下的倒下了,活着的接着走,所为何来?梁启超作了最公正、也最富感情色彩的回答:

一方面在学问上力求真是之欲望,烈热炽然;一方面在宗教上悲悯众生、牺牲自己之信条奉仰坚决。故无论如何艰险,不屈不挠,常人视为莫大恐怖罣碍者,彼辈皆夷然不以介其胸。此所以能独往独来,所创者无量也。

闲不住的退休生活

1923年1月,梁启超结束了在南京的讲学,临行前,在东南大学发表告别演说,主题仍是"宇宙观"和"人生观",认为当今青年学生不缺物质的刺激、知识的积累,所缺者,首先是精神,要救济他们的"精神饥荒"。而救济精神饥荒的办法,他认为是在东方,即中国与印度的学问中。

其理由是,"东方的学问,以精神为出发点,西方的学问,以物质为出发点"。他的这种看法,不仅当时争论不休,至今仍然争论不休。倒也说明,梁启超提出的问题,我们今天仍需回答,不管你的回答与他相同,还是不同。

梁启超的著述、讲学在其晚年生涯中占据了很重的分量,那些年,他与家人或朋友通信,常常提到在南开或清华讲学的情形,以及准备讲义的情形。他在一次写给蹇季常的信中抱怨,那时他"满脑里都是顾亭林、戴东原,更无余裕管闲事也"。

尽管他有时仍对政治问题表现出很浓厚的兴趣,忍不住要跑出来发表意见,比如他对曹锟贿选总统一事不满,直接写信提出批评，劝他"勒马悬崖，放刀成佛"，"吾诚不敢望公之能用吾言，徒以哀怜众生"而已。

因此，"讲课煎迫，著述百忙，有鲠在喉，非吐不快"。这是他的性格，也是他作为公共知识分子对国家和国民负责任的表现，尽管后来招致曹锟的忌恨和报复，他也并不在意。

又如，1925年"五卅惨案"发生，他表现得异常愤慨，除与朱启钤、李士伟、顾维钧、范源濂、丁文江等人联署发表共同宣言外，还写了一系列文章阐述自己的观点，提出解决问题的办法。他甚至直接致电罗素，希望罗素能以自己的声望影响英国的舆论，为中国国民的流血牺牲求一公正的解决。

此外，像松坡图书馆、北京图书馆、司法储才馆的经营管理，也花费了他的不少心血，但这一时期他最突出的贡献仍以著述、讲学为核心。

事实上，对梁启超来说，20世纪20年代恰恰是其学术研究成果的爆发期，尤其在他做了清华国学研究院导师之后，更是以全部心力投身于国学研究及整理的事业。

清华国学研究院成立于1925年，2月22日，吴宓持曹云祥校长之聘书，登门聘梁启超为清华国学研究院教授，并与之商量研究院章程及办法。此时，王国维已先其几日受聘。他们很快进入角色，开始筹划研究院招生试题。

3月初，梁启超便致信王国维，对如何设计招生试题提出了自己的看法和建议。他认为："研究院之设在网罗善学之人，质言之，则能知治学方法，而其理解力足以运之者，最为上乘。"

所以，梁启超担心常规的出题方式，"在浩如烟海之群籍中出题考试,则所能校验者终不外一名物一制度之记忆",可能会与天才考生失之交臂,是非常可惜的。他的意见是采用一种变通的办法:

> 凡应考人得有准考证者,即每科指定一两种书,令其细读,考时即就所指定之书出题。例如史学指定《史通》《文史通义》(或《史记》《汉书》《左传》皆可),考时即在书中多发问难,则其人读书能否得闻最易检验,似较泛滥无归者为有效。

他的出发点倒是考虑到了研究院的宗旨:"研究高深学术,造就专门人才。"他与吴宓、王国维一起拟就的《研究院章程缘起》也表达了这样的意思,其中说道:

> 学问者一无穷之事业也。其在人类,则与人类相始终;在国民,则与一国相始终;在个人,则与其一身相始终。今之施高等教育专门教育者,不过与以必要之预备,示以未来之途径,使之他日得以深造而已。

这是梁启超的一贯思想,早在民国之前,1902年,他作《论中国学术思想变迁之大势》,开宗明义就指出:"学术思想之在一国,犹人之有精神也。"

他的这种思想对清华国学研究院的学生影响极大。张荫麟、贺麟与陈铨都是国学院的学生,人称"吴宓门下三杰"。

贺麟赴美留学,张荫麟到上海送他,临别前对他说:"没有学问的人到处都要受人歧视的。"

贺麟回答:"对!一个没有学问的民族,也要被别的民族轻视的。"他们这里所说的学问,非指一般的知识,而是梁启超一再强调的"发明新原则"和"应用已发明之原则以研究前人未经研究之现象"。

在梁启超看来,一个独立国家,没有独立的学问,简直是不可想象的。然而,他又说,只要"对于全人类智识有所增益贡献,其学问皆有独立价值"。当时清华国学研究院号称拥有"四大导师",即王国维、梁启超、赵元任、陈寅恪。这个名单是1925年8月4日经校长曹云祥批准的,只有陈寅恪迟至第二年的9月8日才到校任教。

9月9日,国学研究院举行开学典礼,梁启超做了题为《旧日书院之情形》的讲演。在这里,他将要开讲的课程包括:诸子、中国佛学史、宋元明学术史、清代学术史、中国文学,以及中国通史。他甚至希望能在清华这个洋溢着浓郁学术氛围的环境中完成写作《中国文化史》和《中国通史》的两大宏愿。

出于对政治的失望,梁启超于1918年底赴欧洲考察前夕,与同仁张东荪、黄溯初等人相约,"着实将以前迷梦的政治活动忏悔一番",并决然放弃,转而在思想学术上做些努力。

他欧游归来,果然不参与上层的政治活动,而把对政治的关注,调整为"对于各方面的黑暗,则由个人良心为猛烈的攻击",把主要的精力投入学术研究之中,更多的是考虑如何"从思想界尽些微力"。1920年春始,梁启超先后担任了清华、南开等大学的教授。

1920年10月,梁启超时务学堂的高足,又是他欧游伙伴之一的蒋百里写了一本《欧洲文艺复兴时代史》,请梁启超为之作序。精通军事学的蒋百里写了一部有关西方近代的史著,让梁启超颇感兴趣,他欣然命笔撰写序文。

早在20世纪之初,梁启超便在《论中国学术思想变迁之大势》中认定:

> 清代200余年间的学术发展,即中国的文艺复兴时代。

亲身经历了晚清"今文学运动"的梁启超,此次欧游又实地考察了文艺复兴的故乡,更是坚定了这一看法。

梁启超翻阅着蒋百里的书稿,心想:

> 泛泛写一序文,无以益蒋著之类,不如将这中国与欧洲历史中性质极为相似的两桩大事加以印证,作为序文,则有助于"以较彼我之短长而自淬厉"。

于是梁启超放手写序,谁知一发即不可收,一周内夜以继日,竟草就近万言的专论,篇幅与所序之书相等。"天下古今,固无此等序文",梁启超只得将它单独成书,名曰《清代学术概论》,倒转头来要蒋百里为之作序了。

中国的历史跨入清代,这就意味着中国漫长的封建社会快要走到尽头,而有清一代的学术思想则承担了对中国整个封建

社会的文化学术作集大成式总结的责任,并且指向着未来,它博大精深,具有极为丰富的内涵。

梁启超笔下的清代学术思想,充满破坏与创造、旧与新的矛盾,同时又包含有残酷与温情。

梁启超对清代200余年学术思想的评述,从"时代思潮"这一概念切入,已经是大手笔的气势,而他将"清代学术思潮"定义为"对于宋明理学之一大反动",并以此作为全书的立论,更是不同凡响。

梁启超注意到,欧洲文艺复兴所要打破的是中世纪神学、经院哲学和禁欲主义,就是对它们的"反动"。另外,梁启超还看到:欧洲的改革家们正是通过对古希腊罗马文明和文化宝典的搜集、整理与阐扬,终于刮起文艺复兴的狂风。

梁启超感慨人类思想文化演进的轨迹,则是以反动求进步,以复古求解放。他由此想到:

> 清代的学术思想、文化思潮破宋明理学,不同样是以"复古"为其职志吗?其动机与内容,实在类似欧洲的文艺复兴。

梁启超在《清代学术概论》中写道:

> 纵观二百余年之学史,其影响及于全思想界者,一言蔽之,曰"以复古为解放"。第一步,复宋之古,对于王学而得解放;第二步,复汉、唐之古,对于程朱而得解放;第三步,

第六章 | 晚年贡献

复西汉之古,对于许、郑而得解放;第四步,复先秦之古,对于一切传注而得解放。

这段话成为梁启超《清代学术概论》中立论的主调。该书一脱手,立即在朋友们中流传开来,赢得一致的叫好声。

梁启超希望中华民族迅速强大起来,因此,他觉得中国的进化历程与西方各国相比较,发展速度不尽如人意,令人"惭愧无地"。然而,中国毕竟是在进步,梁启超所特别看重的广大国民的政治意识已大大增强,其"民族精神、民主精神一日比一日鲜明",所以梁启超又对中国的政治前途充满信心。

梁启超在《五十年中国进化概论》中,自谦地认为自己落后了,他说:

在新文化运动的第二期,"康有为、梁启超、章炳麟、严复等辈,都是新思想界的勇士,立在阵头最前的一排。到第三时期,许多新青年跑上前线,这些人一趟一趟被挤落后,甚至已经全然退伍了"。

梁启超这里所指的"许多新青年",自当包括陈独秀、蔡元培、李大钊、胡适、鲁迅等人,梁启超当然绝不愿自甘落后,但更寄厚望于这班"新青年",因为他在这种新陈代谢中,在这班"新青年"的呐喊声中,看到了中国的希望。

文学巨匠的陨落

梁启超治学,广博丰厚,时有新论,其涉及范围之广、其情感的浓烈、其常常化身其间的责任感,当世之下无人可比。后来人或有继承梁启超的,在他一生以文字构造的学海中探幽,是涛声扑面目不暇接之概;也有不以梁启超为然的,把丰厚说成浅薄,以其"多变"而否定他光照千古的学术成就,这已经不是一般的苛求了,近乎无知无识。

编辑《饮冰室合集》的林志钧在序文中说:

> 知任公者,则知其为学虽数变,而固有其坚密自守在,即百变不离于史,是观其髫年即喜读《史记》《汉书》,居江户草《中国通史》,又欲草世界史及政治史、文化史等,所为文如《中国史叙论》《新史学》及传记、学案乃至传奇小说,皆涵史性。

林志钧确是知梁启超者。

梁启超毕生的学术成就涉及文化的几乎所有领域,但无论文学、哲学、佛学、教育学、政治学、财经学、新闻学、图书馆学,均以史为经脉,如梁启超所言,平生好学,以史为甚。

从埋头着的典籍、稿笺中站起来,在书房里踱几步,抿一口茶抽一支烟小憩时,梁启超常常自言自语:

历史是活的。

但他也会叹息,自觉人生紧迫,要读的书、要写的文章却太多太多。在投身维新运动的20多年中,梁启超沉浮政坛,献身民主立宪,为之服务的大量论著,剔除了应景的、趋时的一部分,也是他后来走向学术巅峰的基石,有的也同样是近代中国思想文化启蒙的不朽名篇,如《新民说》《少年中国说》等。

1925年秋,梁启超应清华大学之聘,为该校国学研究院导师,写字台与讲台依然是他最亲密的伙伴,著述不断,一如既往。在清华,梁启超继续是莘莘学子崇拜的偶像,与赵元任、王国维、陈寅恪同被誉为四大名师。

自一年前夫人李蕙仙撒手先去,梁启超于痛苦之中生出更为强烈的紧迫感,更忙于讲学与著述。由于长期过度用功,著述过勤,再加上爱妻长别而深受刺激,精神压抑,以致自持"贱躯素顽健"的梁启超渐渐感到力不能支,像一个礼拜写出6万字的《清代学术概论》,34小时不睡觉赶出《戴东原哲学》,"三日而成"《陶渊明年谱》的纪录,已成昨日之勇。

小便中带血,梁启超明白,此疾落于梁夫人病重期间,只是怕连累家人,他当时没有声张,并且继续瞒着。

到了1925年的年底,梁启超的病情加重了,已经远不仅是"体温不平,食欲不进",在亲友们的再三劝告之下,他才去医院就诊。于1926年初,梁启超先是到北京的一家德国人办的医院诊治,后转入协和医院治疗,经反复核查,诊断为右肾长瘤。3月16日,医院为他做了手术,但手术后仍然便血。医生叮嘱

梁启超,其便血的多少,全由工作之劳逸而定,必须静养,并且每隔两三月到医院输血一次,以补其失。

体质下降到已经影响写作,引起梁启超的警觉。出院后,梁启超请名中医开药,打算慢慢调养。当吃唐天如大夫的药后,突见奇效,便血停止,梁启超抑制不住内心的喜悦。

梁启超想到自己未完成的著述太多,老惦记着一部中国通史早该写出献给国人,又唯恐"对不住学生们",他不听家人和亲朋的劝阻,著述之兴不可遏制,"每日写字极多",并且坚持到清华及燕京大学去讲学。

1926年8月底,梁启超的四妹病逝;1927年3月底,刚过完70岁大寿的康有为去世;6月,王国维投湖自杀;年底,梁启超的学生兼好友范源濂病逝,这些噩耗让梁启超一次又一次大为伤感,一次又一次给他以强烈的刺激,加之他的便血病时好时坏,并且继续恶化,身体便一天天衰弱下去。

梁启超忍受着精神上的剧痛,拖着病体,照旧执教于清华,依然不停歇地讲课、批改作业、接待友人、发表论著。1927年,他发表的论著有《图书大辞典簿录之部》《中国历史研究法(补编)》《书法指导》《儒家哲学》《古书真伪及其年代》《中国文化史·社会组织篇》等,总字数在30万以上。

家人苦谏,友朋苦劝,希望梁启超治病、养病、静心休息,梁启超答曰:

战士死于沙场,学者死于讲座。

梁启超的身体一天不如一天了,血压不稳,尿血不断,心脏亦在萎缩,不得已之中他又住进了协和医院。经过输血抢救并对症治疗,待病情略有好转,梁启超便急着要出院。在出院回家的路上,他心里想着:清华国学研究院的教职看来是力不能支了,且辞去,在家中先把《辛稼轩先生年谱》做完,再接着写中国通史、中国文化史。

梁启超回天津静养去了,虽然探病的朋友尚未间断,但用不着忙碌写教案上讲台,报馆也不好意思来催逼文稿,总算是有了难得的清静。可梁启超又如何闲得下来?对他来说,最大的痛苦莫过于手下无笔,眼中无书,过这种"老太爷的生活"无异于"成了废人"。

案头上满是南宋词人辛弃疾的资料,梁启超写着《辛稼轩先生年谱》,他又忘却了自己是一位病人。

1928年9月24日,梁启超晨起便伏案,编至辛弃疾52岁。入夜痔病大发,彻夜不能入眠。25日他坚持着侧身坐着写稿。

26日,痔疮剧痛难忍已不能坐,27日入京就医。在医院,梁启超念念不忘辛稼轩,仍托人觅辛稼轩材料,得《信州府志》等书数种欣喜若狂。

待病体稍有好转,梁启超携药挟书出院返津。虽然身体不时在发烧,而且心情郁闷,他仍然以续写《辛稼轩先生年谱》打发日子,只是一到晚上,因外秋声入耳,悲凉之感油然而生,就会想起往事,怀念夫人,想起已故的友生朋辈。

1928年10月12日,梁启超正写到辛弃疾61岁。此年朱熹去世,辛弃疾前往吊唁,在不胜悲痛之中作文以寄托哀思。

梁启超考证道：

> 全文已佚，惟本传录存四句云："所不朽者，垂万世名，孰谓公死，凛凛犹生。"

梁启超写罢最后一个"生"字，搁笔。而这一"生"字竟成了他的绝笔，梁启超再也没有力量扶起他心爱的笔。

1928年11月27日，梁启超被送往协和医院抢救，经柏格兰教授亲自为之检查，发现痰中有一罕见的病毒。

梁启超在病原查出之前，预感到自己将一病不起，他嘱咐家人："以其尸身剖验，务求病原之所在，以供医学界之参考。"

这是一个愿把自己的一切都奉献给社会的人，包括思想、情操、才学甚至躯体。

1929年1月19日午后2时15分，一代伟人的心脏停止了跳动！梁任公累了，他永远睡着了，他睡得那样安详，无怨无艾。

梁启超的辞世令中国社会各界为之震惊。一时间，唁电、唁函、挽联、挽诗从四面八方如同雪片般飞来。

1929年2月17日，北京各界人士500多人在广惠寺为梁启超举行公祭。广惠寺门前高高扎起一座蓝花白底素色牌楼，牌楼上方"追悼梁任公先生大会"几个大字，亦用蓝花扎成。祭台设在大门内，祭台前又有用万朵素花扎成的牌楼一座，并缀出"天丧斯人"四字。

人们步入祭场，但见挽联挽诗密布，估计总在三千件以上。

到场者有各社会团体、群众团体代表,社会名流熊希龄、丁文江、胡适、钱玄同、朱希祖、陈衡哲等纷至沓来,门人弟子中如杨鸿烈、汪震、吴其昌、谢国桢等亦前来吊唁,痛悼先师。

会场中悬挂的清华大学国学研究院同学会的《哭任公二首》尤为醒目,哀情断肠,动人肺腑:

> 忽见沧江晚,冥冥何所之!
> 京尘吹日落,园树助群悲。
> 忧国死未已,新民志可期。
> 平生心力在,回首泪丝垂。
> 独挽神州厄,一言天下惊。
> 此身终报国,何意讨勋名!
> 正气永不死,宏篇老更成。
> 西山能入座,已是百年情。

同日上午9时,上海各界在静安寺召开梁启超追悼大会,礼堂"上悬梁任公欧洲和会时西装放大照片","四壁满悬挽件、挽诗","白马素车,一时称盛"。公祭由陈三立、张元济主持,社会名流如蔡元培、孙慕韩、姚子让、唐蟒、叶恭绰、刘文岛、高梦旦等数百人到会吊唁,学界、政界、商界来者甚众。

大量的挽联、哀章都在颂扬梁启超一生对国家、对民族作出的卓越贡献,表达了人们对这位伟人的无限怀念,其中阎锡山挽联曰:

著作等身,试问当代英年,有几多私淑弟子;
澄清揽辔,深慨同时群彦,更谁是继起人才。

冯玉祥挽联云:

矢志移山亦艰苦;
大才如海更纵横。

王世珍挽联云:

读万卷书,行万里路,公真天下健者;
生有自来,死有所归,我为斯世惜之。

唐蟒挽联云:

开中国风气之先,文化革新,论功不在孙黄后;
愧蕤躬事业未就,门墙忝列,伤世长为屈贾哀。

蔡元培挽联云:

保障共和,应与松坡同不朽;
宣传欧化,不因南海让当仁。

胡适挽联云:

> 文字收功,神州革命;
> 生平自许,中国新民。

杨杏佛挽联云:

> 文开白话先河,自有勋劳垂学史;
> 政似青苗一派,终怜凭藉误英雄。

梁启超的辞世,还引起海外的关注,1929年4月,美国《历史评论》刊登文章,介绍梁启超的生平业绩与学术成就。文章指出:

> 梁启超"以非凡的精神活力和自成一格的文风,赢得全中国知识界的领袖头衔,并保留它一直到去世"。

伟人的不朽,就在于其事业和精神具有强大的感召力,能够转化成为他人的知识和力量。梁启超即是这样的伟人。

邹容在《革命军》中强调"革命必先去奴隶之根性",号召中国同胞万众一心,"拔去奴隶之根性,以进为中国之国民",无疑有着梁启超思想的影子。

"五四"时期新青年们提出"国民性改造""为人生的艺术"等口号,显然是梁启超《新民说》和"文界革命"的延伸。

鲁迅在日本求学期间读到梁启超编的《新小说》后大受影响,决心弃医从文,想从文艺入手影响或改变国民精神并提倡

科学小说，同样闪烁出梁启超思想的折光。

鲁迅主张启蒙运动"首在立人"，直到1925年3月，他在写给许广平的信中仍然坚持：

> 此后最要紧的是改革国民性，否则，无论是专制，是共和，是什么什么，招牌虽换，货色照旧，全不行的。

新中国的缔造者毛泽东在他的青少年时代，视梁启超为心目中的伟人。

毛泽东曾学梁启超"任公"笔名而自取笔名"子任"，当年他特别爱读《新民丛报》上梁启超的文章，以至能够背诵，他对《新民说》等一些文章不仅认真研读，而且作有批注。毛泽东在进入长沙湘乡驻省中学堂后，曾向社会呼吁：

> 把孙中山从日本召回，担任新政府总统，由康有为任国务总理，梁启超任外交部长。

1918年毛泽东与蔡和森在湖南组织学生社团，取名为"新民学会"，因袭梁启超"新民"之义。

梁启超的声音启迪和唤醒了20世纪无数中华儿女，一代代志士仁人沐浴着梁启超文化思想的光芒，为"中华之崛起"而披荆斩棘！